作为人间之学的
伦理学

人間の学としての倫理学

〔日〕和辻哲郎 著

汤恺杰 译

上海人民出版社

わつじ てつろう

献给西田几多郎老师

序

本书仅仅陈述了作为人间之学的伦理学的意义与方法，尚未进入伦理学的体系性叙述。所以，它只不过是伦理学的绪论而已。然而，作者的愿望是希望借此来阐明伦理学，以激发读者对伦理学的关注。如果本书能成为某人自发沉思伦理学问题的机缘，那么，作者的愿望就得到了满足。

岩波哲学讲座《伦理学》一书于昭和六年（1931 年）出版①，该书论述了与本书几乎相同的思考。虽然本书使用的材料与该书相同的不在少数，但本书通盘重审了这些材料，又以全新结构重新叙述之。或许本书没有显示出任何进步，但若能进一步得到方家的指正，则幸甚之至。

昭和九年（1934 年）正月

作者

---

① 全名为《伦理学：作为人间之学的伦理学之意义及方法》（倫理学：人間の学としての倫理学の意義及び方法），于 1931 年在岩波书店出版，该书可看作本书的底稿。这里提及的《伦理学》并非作者在本书出版后三年出版的三卷本《伦理学》。（页下注若无特别说明，皆为译者注，不再特地标出）

目　　录

上编

作为人间之学的
伦理学的意义

1．"伦理"一词的含义

面对"伦理学是什么"之问，若有人回答"它是关于伦理或道德的学术"，那么，他既回答了一切，又什么都没有回答。伦理学是"伦理是什么"之问。因此，它是一个被提出来的问题，理所应当地需要回答。然则，此回答完全没有触及此问题的实质（中味）。因而，问题的实质仅能由伦理学自身阐明。

无论给伦理学下何种定义，都不过是对此问题的展示罢了，答案最终只能由伦理学自身给出。或有人定义伦理学为"伦理判断之学"或"人间行为的伦理评价之学"。那么，伦理判断是什么？人间行为是什么？伦理评价又是什么？在伦理学中，它们并非已经给出的已知量，而正是伦理学应解决的根本问题。因此，我们无法在伦理学的开端就给出"伦理学是什么"这等决定性规定。

在起点处，我们便立于"伦理学是什么"之问面前。那么，这问题是什么意思？在此起点，唯一能够确证的是它由语言表达出来，并能够作为在我们之间共通的问题而被讨论。我们问的是通过"伦理"一词所表达之事（こと）的意义，如此，"伦理"一词既不是我们创造出来的，也不是满足伦理学这一

10

学问的需要而产生的。与一般的语言相同,它也是历史性和社会性的生命表达(生の表現),是先于我们问题的客观存在。

于是,我们就能以此词为线索出发。"伦理"一词本是中国人创造出来又流传到日本的,现仍活跃在我们之中,保持着活力。它是什么意思? 以此词的词意为基础,又能制造出怎样的概念?

汉语的"伦"本意味着"伙伴"(なかま),此意义仍留存于"精力绝伦"一类的用法中。《礼记》有所谓"模仿人一定要在他的'伦'(なかま)之中"①的说法。尽管与塔尔德(J.G. Tarde)②所谓"模仿即社会"的思考相悖,但相应地,它也明确地说出"伦"作为共同态③的含义。于是,因为"伦"意味着伙伴,所以**"人伦"**这等熟语经常被用作表达"人的伙伴"(なかま)或"人类"之意。例如,我们可以找到这样的说法:"甚至连畜生都是如此,更何况人伦呢!"(《十训抄》④)。"なかま"一词不仅复数地看待人,它在此更有双重含义:人与人之间的关系和

① "儗人必于其伦",出自《礼记·曲礼下》。原文未标注出处。

② 让·加布里埃尔·塔尔德(Jean Gabriel Tarde,1843—1904),法国社会学家和犯罪学家,是当时最多才多艺的社会科学家之一。他的社会交往理论("交往活动")强调人的集合体中的个人,这使塔尔德与埃米尔·涂尔干(Émile Durkheim)发生冲突,后者认为社会是一个集体统一体。

③ 即人与人之间的由共同的血缘、思想、目的、职业等关系组织起来的共同体之中,个别的一种与共同体相联系的状态。在日语中,"共同态"与"共同体"的读音相同,都为"きょうどうたい"(kyoudoutai)。日本康德哲学研究者铃木文孝将"共同态"一词与德语的 Gemeinschaft(团体、集体)对应,但同时也侧重共同态在"个体"之中的内在体现。参铃木文孝:《共同態の倫理学》,载《爱知教育大学研究报告》(人文科学版),第 38 期(1989 年),第 80—90 页。

④ 日本镰仓时期故事集,内容融合了印度、中国和日本的民间故事,主要是针对青少年的基本道德规范教育,佛教色彩浓厚。

由此关系决定的人们。从日语"なかま"对应"仲间"两汉字的事实出发便可以明确，它一方面是在**人们之中**，是"間"（间，あいだ），另一方面又是在"仲"和"间"中的人们。在"伦"字这里，上述事实也没有改变，由此发展出"伦"最重要的用法，如"父子、君臣、夫妇"被称为"人之大伦"（《孟子》）或兄弟被称为"天伦"（《公羊传》）那般，父子、君臣是有各自特殊且具重要意义的"なかま"。它既是父子关系、君臣关系，又是在关系之中的父子君臣。不得不说，在这类用法中，"人伦"意味着人间的共同态，这是再清晰不过的。因此，所谓"人伦五常"是指在人间共同态中的五种"常"即五种不变之事。那么，在人间共同态中，所谓"不变之事"是什么意思？常住不变的东西贯穿人间生活不断转变的过程，自古以来，人们就把它理解为习俗（風習）。习俗是不断流逝的生活之中的"规定"（きまり）和"方法"（かた），因此转变的生活是**在习俗之中**不断转变的**秩序**，即人们行走于彼的**道路**。在人伦中，所谓"五常"正是此类秩序或道路，正是因为基于如此秩序，人伦共同态才是可能的。父子之间如果没有父子的秩序，则父子的间柄（間柄）①

12

---

① "間柄"（あいだがら）意味着人与人之"间"的关系，例如亲属、血缘之间的关系，或交往的关系。一般认为，和辻哲郎伦理学和文化哲学的关键词正是"間柄"。参熊野纯彦：《和辻哲郎与日本哲学》，龚颖译，生活·读书·新知三联书店2018年版，亦可见：David Johnson, *Watsuji on Nature-Japanese Philosophy in the Wake of Heidegger*, Evanston：Northwestern University Press, 2019。一方面，由于此词是和辻伦理学最为关键的概念，故今日的汉语学界更愿意沿用"間柄"二字，以保持其核心含义；另一方面，若将"間柄"翻译成"关系"，则会与和辻的另一个词"関係"重合，不方便作区分，如后文也出现了"関係的間柄"（见本书第247页）一类表达，似不能翻译成"关系的关系"。综上，译本仍沿用"間柄"一词，提请读者注意。

自身就不成立。从而，我们也不能规定父是父，子是子。因此，唯有基于使父子之为父子的秩序即"常"，父子的"大伦"方能成为大伦。这样看来，人伦五常是**在**人间共同态**中**的五种秩序，同时也是使人间共同态之为共同态的五种秩序。因此，给"人伦五常"换一种说法，说人伦本身就是五伦，也不是不可思议。五伦既意味着五种共同态，同时又意味着五种"常"即五种秩序。[1]正是基于上述的种种情况，"人伦"有人间共同态的意义，同时也用于表达"人间的道路"或"道义"。

那么，"人伦五常"的内容又是什么呢？孟子说，对"人伦"的传授，就是教人要"父子有亲""君臣有义""夫妇有别""长幼有序"和"朋友有信"。在父子的共同态之中有"亲"，"亲"是此共同态中的秩序。没有"亲"，父子之间的共同态本身就是不可能的。因此"亲"是使得父子的共同态可能的根底。哪怕不说父子之间"正要有亲情"（まさに親あるべし），反说"父子**有亲**（父子親あり）"，也能洞察到上述含义。同样地，"义""别""序""信"，也是各自共同态的可能性根底。朋友是在"信"中成立的，在朋友关系成立后，"信"并没有被需求为一种"当为"①。当然，正因为朋友在"信"的根底之上成立，所以，即便处于**"信"的缺失状态**，"朋友"也完全有可能成立。那么，作为

---

① 在日语作品中，一般"当为"对应的德语是 Sollen，在德国哲学著作的汉译中一般被译为"应然"，也有一些学者译作"当为"。此处考虑到日语语境，并且结合和辻后来的《伦理学》中的用法（参《和辻哲郎全集》第十卷，第14页。在那里，和辻哲郎把"当为"拆解为"正当为之")本书仍保留"当为"，供读者参考。

朋友的共同态之根底,"信"也能够带有某种"当为"的意思。但是,不得不说,"当为"必然基于共同态的存在根底,这是十分明确的。

这么看来,在父子、君臣、夫妇、兄弟和朋友这五种类型中把握人间共同态,这正是"人伦五常"所持的立场,它从共同态的存在根底出发,关注这些共同态。仅在上文所说的君臣关系、家庭关系及朋友关系三个领域之中理解人间共同态,又将家庭关系细分为**父子**、夫妇、兄弟三个小类别,这么做乃是基于历史和风土的特殊制约。毋宁说,更应从这样的做法之中洞见古代中国的社会结构。不仅如此,即便在中国本土,五伦也非唯一的思想。例如,若要解释祭之十伦(即祭的十种意义)①,在"君臣""父子""夫妇""长幼"四者外,尚有见(表明)"事鬼神之道、贵贱之等、亲疏之杀、爵赏之施、政事之均、上下之际"等内容的记载(《礼记·祭统》)。除"事鬼神之道"是从部落共同态的观点出发之外,其余的几条都反映了阶级分化既已完成的社会结构。"贵贱之等"和"政事之均"等**表述的内容**与"君臣之义""父子之伦"等**表述的内容**相同,都表述了祭祀之"伦"的思想。它明确表示,祭祀是**人伦的表达**,故而,此处被表达的人伦正是祭祀之"伦"。在此"人伦"之内,若能够举出"贵贱之等""政事之均"与"君臣之义"并列,那么,此处便存有与"人伦五常"显著差异的人伦之思想。然而,即便持此

14

---

① 这里和辻哲郎解释"伦"为"义"很可能是参照了郑玄的注。郑玄在注《祭统》时说:"伦,犹义也。"

立场,发生变化的仅为把握共同态的方法,**从人间共同态的存在根底出发把握人伦**的根本态度则没有任何变化。

当然,这并不是说,我们在中国古代道德思想之中自觉地把握了其根本态度。在诸子百家之中,欲从个人主观意识出发阐发"道德"的亦不在少数。但不难推测,他们所处理的"道德"已超出人伦的地基(地盤)。比如,人们常常说,"仁义礼智信"是赋予个人之心灵的道德情感或德性。然而,"仁"就是"亲",就是父子之间柄的根底。"义"是君臣之间的根底,"信"是朋友之间的根底。我们也可以认为,"礼"适用于夫妇之间,"智"则适用于长幼之间。这是本质地规定它们各自间柄的词语,若没有它们,间柄自身就是不可能的。但是,它们各自的间柄不是仅凭它们成立。仁就是"亲爱",它不仅在父子之间,也在其他的所有间柄之中存在,从而在人与人之间普遍存在。义、礼、智、信也同样如此。于是,当我们一般地进行考察时,"仁义礼智信"便不再占据"特殊间柄"的位置,反而能够被看作人"心灵"的问题。更进一步说,"诸德性之中哪一个最为根本"才是此处的问题。如此,尤其把"仁"看作根本的思想愈发显著地呈现出来。然而,即便在此思想之中,"仁"也不失其立场,它总是普遍地作为共同态的存在根底。例如把孝悌当作"仁之本",这显示了"仁"的根源性情境依然被置于家庭的共同态中。从而,一般的共同态可以被解释为从家庭共同态中推论出的概念。

话虽如此,为了进一步探讨我们的问题,追究"伦"或"人

15

伦"的含义,没有必要深入推进上文的思想史考察。"伦"或者
"人伦"等词赋予了作为人间共同态的存在根底的秩序或道路
以意义,读者只需明白这一点即可。   16

那么,"伦理"一词是什么意思? 在"伦"后加上一个"理"
字,又引发了多大程度的变化?

理就是"ことわり"(事理)①,是"すじ道"(条理)。因此,
若它与人间生活相关联,只"理"一字便能有"道义"的意思,人
间之理即人间之道。但"伦"一面意味着人间共同态,另一面
意味着共同态的秩序即人间之道。因此,人们所熟知的"伦
理"②没有扩大任何意义领域,只是通过"理"强调了"伦"既有
的"道"之意义。因此,可以说"伦理"在充分意义上与"人伦"
完全同义。即"伦理"也意味着人间共同态之存在根底,即道
义。在此意义上,也可以说"音乐与伦理相通""读史以观大伦
理"等等。[2]换言之,所谓"伦理"是能在艺术与历史中表达出
来的人间之道,并非在理论层面创造出来的原理。   17

上文阐明了"伦理"一词的意义。从这些意义来看,使用
"伦理"一词仅仅表达"个人主观的道德意识"之意,乃是十分
不恰当的:第一,"伦理"一词与人间共同态相关联,个人意识
使共同态抽象化(捨象),与"伦理"无缘。第二,"伦理"一词与
人间共同态的存在根底相关联。只有在此地基之上,道德判

---

① 此处和辻只写出了平假名的"ことわり",它的动词形式是"ことわる",
有"道理""事理""推辞""事前打招呼"等等意义。
② 相较于"伦"而言。

断或道德评价才是可能的。相反,判断与评价却不是根底。因此,在与主观道德意识相区别的前提下,我们能够创造出如此这般意义上的"伦理"概念。所谓"伦理"是被种种共同态实现的、人间共同态的存在根底,它是人们的间柄的道路和秩序。因为有了它,间柄自身才有可能。在"伦理是什么"之问中,人们所问的就是这样的人间道路。

上文在明确地规定了伦理概念的同时,也明确地规定了问"伦理是什么"的"伦理学"。也就是说,所谓"伦理学"是这样的学问,它想要阐明人间关系,从而明确作为人间共同态根底的秩序和道理。但是,此处看起来明确被规定的不过是表面罢了。因为,我们仍需面对类似"人间""人间关系"和"共同态"等尚待解答的问题。"人间"是什么呢?"间柄"又是什么?它们是直接从"伦理"及"伦理学"概念引出的问题。

注释:

[1]"伦"表示秩序的意思,例子就是《论语》,言中之伦。——《字书》引《书·洪范》的"彝伦攸叙",并且注曰"常也"。它也可以说是"次序也"。但是"伦"之所以能在表达共同态的意思的同时,也能表示"常"或"秩序",其原因是这两者之间含有一种必然的关系。

[2]《礼记·乐记·十九》:"凡音者,生于人心者也。乐者,通伦理者也。是故知声而不知音者,禽兽是也;知音而不知乐者,众庶是也。唯君子为能知乐。"(所有的音都是从人的心生出的,乐是与伦理相同的,因此知晓声而不懂音的人是禽兽;而知晓音而不懂乐的人是众庶,只有君子能够懂得乐)《朱子语类》:"读史当观大伦理、大机会、大治乱之得失。"(读历史,应当看到大的伦理、大的机会、大的治乱的得失)

2. "人间"一词的含义

　　现在我们模糊地使用"人间"一词，把它当作欧洲语言之 Anthrōpos，homo，man，Mensch 的对应词，然而"人间"的用法也与"人"一词的用法相同。那么，"人"（にん）与"间"两字结合起来究竟是什么意思？又或者，难道它完全没有意义吗？德国社会学家通过结合"人"与"间"两字，即由 Zwishcen den Menschen① 或 das Zwischenmenschliche② 两词，表达了一种把人间关系看作社会的立场。那么，日语的"人"与"人间"是否表达不出某种不同的含义呢？

　　若果真如此，那么，不得不说，没有比日语更没用的语言了，但事实并非如此。语言自身不是不能表达不同意思，反是使用语言的"人间"自身混同了这些意思。现代广泛使用的字典《言海》就明确地讲了这一点。即所谓"人间"意味着"世之中"（よのなか）和"世间"，它"通常被误用为'人'之意"。但是，"人间"的本义是德国人所谓的 das Zwischenmenschliche，即社

---

① 德语，意为"人之间"。
② 德语，直译为"在人之间"。

会,但它被错误地转化为 der Mensch① 的含义,甚至两词的区别也被无视。但是,仅把"人之间"即人间关系解释为"人"之意的"谬误",难道不正展示了思维能力的弱小吗? 至少,德国的关系社会学家② 不会希望自己与那些误解 das Zwischen-menschliche 是 der Mensch 之意的人相提并论。我们只要解"人间"为"人",就应为上述的误解负责。

但是,单就此误解被称为"误解"而言,其自身也具有非常重要的意义。因为,这是在日本人持续数世纪的历史生活之中——确实有不自觉的成分,但基于对人间的直接理解——社会性地发生的事件。此历史事实证明了,具有"世之中"意思的"人间"一词,可仅被解释为"人"之意。于是,它给我们带来极为深刻的启示。如果我们能从人间关系之中抽离出"人"进而把握这一概念,那么严格区分 Mensch 与 das Zwischen-menschliche 就是正确的。但是,只有在人间关系之中人方才是人,从而人已经表现了其整体性,即表现了人间关系。若上述结论是恰切的,那么"人间"被解释为"人"的意思,也是正确的。所以,在意味着"世之间"的"人间"一词转化为"人"意思的**历史整体中**,能够寻得对以下事实的直接理解:人间既是社会也是个人。

于是,通过历史地考察"人间"一词的含义,我们在此试着

20

① 德语,意为"人"。
② 将社会学理论与对关系主义的强调联系起来,以解释社会现象的社会学分支。代表人物有齐美尔、马克斯·韦伯、涂尔干、乔治·米德等人。

确立"人间"的概念。

本来,在我们所使用的语言中,最能对应 Anthrōpos、homo、man、Mensch 的词语是"人"(にん)以及"ひと"①。在中国古代,人已是"万物之灵"或者是生物中的"最灵者"。人之所以为人,并不是因为他有两条腿,没有毛,而是因为他"有弁(或言)也"(《荀子·非相篇》)。很明显,这两个规定符合希腊人给 Anthrōpos 所下的定义。日本人在建设文化之初便学到了被如此定义的"人",于是将它与"ひと"这一日语词对应起来。因此,就需如此解释:在说到 Anthrōpos 的时候,严格说来,我们只是在说"人"。

然而,准确地说,"人"这一词语已经承担了与 Anthrōpos 或 homo 不同的含义。"人",以及尤其是"ひと",已意味着与"己"相对的"他"。拿了"ひと"(别人)的东西,并不是拿了"Anthrōpos"的东西,而是偷盗了"他者"的所有物,"われひとともに"(我与人一道)不是说我与 Mensch 并列,反意味着**自我与他者**相提并论,但"ひと"又延展为泛指意义上的"世人"之意。所谓"**ひとはいう**"(有人说),与 man sagt② 一样表"世人有此一说"之意。在此用法中,"ひと"甚至已接近"世间"的意思。例如,所谓"人聞き悪い"(人闻不好)的意思是忌惮世间的听闻。这样,"ひと"从与"我"相对的"他者"意思出发,发

21

---

① "人"在日语的训读。前文的"にん"源自汉语,是音读,此处"ひと"是表意之训读。

② 德语"有人说",直译为"人说"。

展到"世间"的含义。另一方面,我们不该看漏,对他者而言"我"自身同样是"ひと"。对逗弄自己的人说"**ひと**をばかにするな"(不要把人当傻瓜看!)的情况便应作如是观,ひと的这种意思从对"我自身也是他者的他者"的理解中产生出来。在谴责对自己过度干涉的情况下,我们会说"**ひと**のことを構うな"[不要管(别)人的事情]。这句话通过"不要过度关涉他人之事"的意思表达不要过度关涉对你而言乃是他人的"我"之意。同时,也可以说,对于我而言,他者自身同样含有对"我"的理解。如此看来,"ひと"含有自我、他者、世人等意思,同时,它甚至已启示出"世间"的意思。

我们在 homo 与 Anthrōpos 中找不到这类深刻的意思。Homo 的复数形式意味着"世间",有时也用在强调当下特指的"人",用于表达"他"之类意思。然而,即便如此,仍不能说它明确含有"他者"之意。到了给 homo 加上格变,创造出homme 和 on 的法国人那里,homo 就脱离上文所述的两种含义,成了完全不同的词。与此相同,从德语 Mann 的形容词形式而来的 Mensch(人),与从同一词语派生的 man(世人),也被看作完全不同的两个词。英语既使用 man 表达"人"之意,又把从之而来的"世人"或者"某个人"的意思拒之门外。无论我们看哪一种语言,它们都不似"人"一字这般,同时表达了自我、他者和世人等含义。

即便在"人"字之后加"间"字,组成"人间"一词,"人"之中包含的特殊意义也绝不应逐渐消失。人间不仅是"人之间",

还是**在自我、他者、世人之中的人**之间。但如是思考时,我们明确的是,人之所以既是"自我"也是"他者",可以说它既已以人之间的关系为基础。通过限定人间关系,"自我"和"他者"就随之产生了。从而,所谓"人",既是"他者"又是"自我",就是说它是"人间"的限定。所谓"规定人之为人乃是语言"的一类命题,最终也是表达同样的意思。如此看来,即便我们从"人"的意义出发来思考"人间"一词被转用为"人"之意的现象也不是毫无根据的。

23

然而,实际的转用不会从如此这般的自觉中产生,相反,它要绕过客观精神世界中漫长的远路,在此期间不知不觉地引发出来。并且,这样的转用绝不可能在中国产生。在中国人那里,所谓"人间"完全是"世间",是"人之世",并不是"人"。所谓"别有天地非人间"①(李白,意谓"有另外的天地,并不是人间")的"人间"明显表示人间社会,此处"别天地"指示的并不是人之世。所谓"人间行路难"②(苏轼,意谓"人间的路是很难走的")是说在人间社会之中生存的难处,所谓"人间万事塞翁失马"是说历史的、社会的意外难以预测。汉译佛教经典严格遵守了此用法。按照古印度的神话想象,众生因轮回在

---

① 出自李白的《山中问答》。全诗为"问余何意栖碧山,笑而不答心自闲。桃花流水窅然去,别有天地非人间"。

② 出自苏轼《鱼蛮子》。全诗为"江淮水为田,舟楫为室居。鱼虾以为粮,不耕自有余。异哉鱼蛮子,本非左衽徒。连排入江住,竹瓦三尺庐。于焉长子孙,戚施且侏儒。擘水取鲂鲤,易如拾诸途。破釜不著盐,雪鳞芼青蔬。一饱便甘寝,何异獭与狙。人间行路难,踏地出赋租。不如鱼蛮子,驾浪浮空虚。空虚未可知,会当算舟车。蛮子叩头泣,勿语桑大夫"。

五个世界(loka)中转生：在地狱中、在饿鬼中、在畜生中、在人间、在天上。这里的"中""间"和"上"等等，是 loka 的对译词。[1]从而所谓**天上**就意味着天(deva)的世界，所谓**人间**就意味着人的世界。所谓人的世界是人间社会，并非人所处的自然界。毋庸赘言，"人间"自然也不意味着在此世界的居住者即人。在日本广为传颂的《法华经》就明确地展示了这种用法。例如"愍众生故，生此**人间**"(《法华经·法师品第十》)，或者是说"若生天上，及在**人间**"(《法华经·譬喻品》)之类。一开始，学习汉语"人间"的日本人也遵守此类用法，例如"人间的人"[2]一类表达即属此例。多受佛经影响的"战记物"①等文学作品常将"**世间无常**"的佛教思想转写成"人间之习无定数"或"人间之怨恨之习"一类表述，或也有以六道思想为背景，说出"天上之五衰，人间之一炊"等熟语。在民谣曲中亦有"**世之中**人间万事都是塞翁失马"[3]那般，将"世之中"与"人间"等同。但是，意味着人间社会的"人间"之所以能被转化为"人"的意思，上文举出的佛教经典之用法正充当了中介。

在上文举出的佛教轮回观中，众生遍历的世界被分为"地狱中、饿鬼中、畜生中、人间、天上"共五界，或加上"阿修罗"共为六界。众生"在人间"出生的情况是"人"，在"畜生中"出生的情况是"畜生"。汉译经典时常省略 loka 的译语"中"，**统一**列以地狱、饿鬼、畜生、人间、天上等**两字短语**。在此处，人间

24

25

---

① 记录因某位武士出现而产生动乱的文学作品，内容大多为战争的经过和场景描写。

得以直接与畜生、饿鬼等相对立。如此形式的六道思想,支配了从平安朝到武家时代①日本人的人间观。因此,一方面,像"人间之人"这般,我们明确把"人间"解释为人间社会的意思,另一方面,又在与**畜生作对比**之时,称与畜生相对立者为"人间"。也就是说,尽管此处畜生界的**居民**"畜生"与人间的**居民**"人"相对比,但"人间"也直接表达"人间"的居民即"人",在此意义上,"人间"与"畜生"相对立。狂言《钓狐》(こんくわい)②中,作者借狐狸的口所说的**"所谓人间就是天真的嘛!"**(人間といふものはあどないものぢゃ)即一好例。[4]如此,我们就能在轮回的人间观及其关联译文的用法中,寻得"人间"一词被转用为"人"的意思的最初契机——毋宁说这完全是偶然的事件。然而,以偶然事件为中介的事自身,却绝非偶然。

26

最初意为人间社会的"人间"一词不断与"畜生"一词放在一起使用,借由此偶然事件,我们发现了一个事实:"人间"获得与动物相区别的"人"的含义。如果不是"人间"一词原本就意味着"人",那么无论以什么作中介,如此结合都不可能产生。因此,"人间"转意为"人"这一现象,证明前者本来便含有能如此解释的因素。虽然"人间之习无定数"的确是在说**世间无常**,但世间的无常同时也正是在世间生存之**人的无常**。"七

———

① 平安朝(794—1192)是日本古代的一个历史时期,以桓武天皇迁都平安京为起始,朝廷为贵族把持。平安朝后期,武士阶层崛起,建立幕府,开启长达数百年的"武家政权"时代(1167—1868),直到江户幕府被实际推翻为止。

② 日本传统艺能狂言的传统曲目之一。

次诞生于人间"（七度人間に生まる）正是说七次诞生在**人间社会**之中，但诞生于人间社会同时也有诞生"**为人**"之意。同样，"人间短短五十年"（人間わずか五十年）、"人间一生如梦"（人間一生夢のごとし）一类俗语，虽然是在表达这样的感慨：生活在**这世间**、在**这世上**（この世間・この世）只有短短五十年，就像梦一样，但是，正因世间之中的一生是**人的一生**，故而"人间的一生"与"人的一生"之所指相同。一目了然的是，在这些例子中，围绕"人间"所讨论的也能原原本本地适用于"人"。那么，"人间"本来也是"人"。

但是，意味着"**人的整体性**"（也就是世间）的"人间"，同样也有个别"人"的意思，这又是如何可能的？这无非是由于整体与部分的辩证关系。部分只有在整体之中才是可能的，同时，整体在其部分之中才是整体。自古以来，在其日常的使用之中，我们既已在部分中看到整体，并以整体之名称呼部分。例如所谓"兵隊"（兵队）明显是一种被组织起来的集体，但我们也称集体之中的一员为"兵队"。"とも"（友伴）、"なかま"（伙伴）和"郎党"（家臣）等词语皆如此。提到"ともだち"（朋友）[①]、"若衆"（年轻人）、"女中"（侍女）、"連中"（伙计）等词语，就更是如此〔日语复数形式的不发达可能与这种情况有某种关联。在能出现"一人のともだち"（一个朋友）一类表述的日语中，不可能有单数与复数的截然区分〕，把一个人称作"人

---

① ともだち写成汉字是"友達"，"友"是朋友之意，"達"在日语之中也表示"们"，即复数之意。如"我们"可以写作"私達"。

间"不外乎是上述倾向的一种体现罢了。人是在世间之中的人，世间的整体性在人那里体现出来，正因如此，人也被叫作"人间"。例如，人们说，将人从动物那里区分开来的特质是语言和理性，但语言和意识是社会性的产物，同时也在个人那里表现出来。即便说"一人の人"（一个人），只要他是"人"、有语言，社会就要在个人之中表现出来，从而可以被称为"人间"。如此看来，"人间"能够用于"世间"和"人"的双重意思，这一事实最好地展示出人间的本质。

28

以上是"人间"一词所背负的历史背景。借由这一词语，我们想要表现的是"人间"概念。所谓人间是"世之中"本身，同时也是在世之中的"人"。因此，"人间"既不仅仅是人，也不仅仅是社会，在"人间"之中，人和社会两者被辩证地统一起来。我们明确把"人间"与 Anthrōpos、homo、Mensch 等词语区分用之，所以，我们的"人间"概念绝不会允许把 Mensch 看成与 Gemeinschaft① 一样是两种不同概念的想法出现。因此，我们的"人间"之学绝不是 Anthropologie②。所谓 Anthropologie（アントロポロギー），严格来说是"人"之学，它的肇始是从肉体与灵魂两个方面来考察从共同态中抽象出的"人"。因此，此课题的整体可分为"身体论"与"精神论"。自

---

① 德语，意为"社会"。

② 德语，意为"人类学"，但在后文中，和辻把康德的 Anthropologie 翻译为"人学"，和辻有意区分出アントロポロギー和人類学的名称，故在此不译为"人学"和"人类学"。

然科学的勃兴发展了"身体论",从而它被冠上 Anthropologie 之名,成为动物学的一个分支,译作"人类学"的正是这种科学。精神论是一种心理学,发展为哲学的认识论,舍弃了 Anthropologie 的名字。所以,站在哲学的立场再次将"人"当作问题,考究身心关系或一般性地考究"所谓人是什么"时,人们就不得不考虑它与"人类学"的区分,称之为"**哲学**的 Anthropologie"。但是,即便哲学的 Anthropologie 也将"人间"的一大契机即"人"抽象出来处理,这一点与之前的学科完全一致。这正是应被称作"哲学人类学"(哲学的人類学)而非"人间学"的学科。

在规定"伦理"的概念时,我们自然而然地被推到"人间是什么"的问题面前。于是,依照"人间"**一词的含义**,我们区分它与 anthrōpos,同时又创造出前者的概念。人间既是"世之中"也是"人"——如此规定时,"世之中"又是什么呢? 人之"间"如何是"世之中"呢? 之所以"人间"与单纯的"人"相区别,与"间"的含义有关,但是,目前尚未说清它的含义。"伦理"概念为我们指出"人间共同态的存在根据"。至此,需要追问"共同态"(共同態)、"人间关系"(人間関係)和"间柄"(間柄)分别是什么。

注释:

　　[1]《中阿含·远梵行》(《大正藏一》,第 1599 页)。这也就是巴利文经典之中的 mirayaloka、tiracchanaloka、pittivisayaloka、devaloka。

所有词语都同样接 loka 作词尾,以上五者加上阿修罗就是六趣或者六道。

〔2〕《大镜》(实赖)。“甚至认为自己做的事情被人间之人称赞、被人重视都是有趣的”(わがする事を人間の人のほめあがむるだにけうある事にてこそあれ)(《国史大系》十七,第 508 页)。现在的通行本之中多省去“人の”(人的),仅写作“人間の”(人间的),但从时代的关联来看,我认为“人間の人”(人间之人)是正确的。

〔3〕源自民谣曲《绫鼓》。又,《羽衣》中有“怀疑是人间才有”(疑ひは人間にあり)一句,也含有天上与人间的对照之意,是说怀疑一类烦恼是人间界的现象。

〔4〕按新村博士的教导,庆长八(1603)年,长崎切支丹(キリシタン)版日葡词典之中,把 Ningen(人间)翻译成“Genero humano”。是与动物相区分意义上的人类。〔译者按:切支丹即葡语 cristão(基督徒)的日译,天主教在战国时期传入日本,其信徒被称为“切支丹”或“吉利支丹”。〕

3. "世间"或"世之中"的意义

上文已经指出，"人间"一词的**本义**是"世之中"和"世间"。
"世"是什么，"中"和"间"又是什么？在此，我们也需以词语的
意思为线索，提出清晰的概念。

汉译佛教经典把"世间"一词带到日本。因此，在一开始，
它是在佛教哲学中对应某种概念的词语。佛教哲学的根本命
题是"世间无常"，我们只能把握被"无常"这一宾词限定的"世
间"。如此状况之下，在一千多年前，日本人在"世间虚幻，唯
佛是真"（《上宫圣德法王帝说·天寿国绣帐铭文》）的意义上
接受了"世间"。

中国的佛教学者如此说明"世间"的概念："世"是"迁流"
之意，正因它时时刻刻都转化为他物、能被不断毁坏，所以才
称为"世"。但若只是能被不断毁坏，自身却不具任何本质，就
不能是一种"世"。因此，它之所以被称为"世"，乃因人能消灭
它。也就是说，人能够与不断的转变相对立，能够与之抗争，
于是能够打败之，控制之。正因如此，它才是一种"世"。但是
若转变被消灭，毫无迁流之境显现出来，这便是真理而不是
"世"。从而，能够被消灭的就没有被消灭，借由消灭而得以显

明的真理仍藏在暗处。正因如此,它才被称作“世”。这样,我们就在“毁坏性、消灭性、覆真性①”三个契机中规定了“世”的意义,正所谓“堕世中故名为世间”(《成唯识论述记》②),换言之,“世”虽保持脱离迁流的可能性,但又沉沦(堕在)于迁流的正中央。

31

分析“世”的无常的特性并总结出它的三个契机:不断地否定自己、能进一步否定前一种否定的可能性及此可能性隐藏在表面之下的特性——这是非常有意思的工作。然而,沉沦于“世之中”看似只意味着人的迷妄存在,丝毫没有涉及所谓“人的社会”一类含义。但是,进一步讲,若我们注意到世间无常被理解为“苦”,便可以直接明了地推论出“世”自身也被视为人的社会性存在,因为自然现象随时间的推移产生的变化并不是“苦”。只有在人间关系中,“转变”才直接变为“苦”。在不欲离别的爱中出现离别,在不欲相遇的怨憎中又不得不相遇,所以,据信最大的苦乃是“爱别离苦”和“怨憎会苦”。这样看来,我们就能够如此理解“世间”概念:它是“向迁流的沉沦”,既在其**时间特性中**强调人间关系,又在时间特性之中洞察人间关系。“世间无常”这一命题,尤其给我们留下印象的,乃是人间关系的毁坏性。

---

① “覆真”(ふしん)的意思是覆盖或掩盖真实、真相。为佛教解释“世间”之用语。

② 《成唯识论述记》,唐窥基著,注解《成唯识论》之著作,后收入《大正藏》之中。于唐代流传至日本,后在中国失传,直至清末才回流中国。

但是"世间"的原文是 loka，与其说 loka 本有"迁流"的含义，毋宁说它更具"场所"之意。它首先意味着作为"可见世界"的世界；其次一般又意味着天地万物的场所和领域，也偶尔用作表达"宇宙"的意思。如此世界和场所不仅能是物质的，也能是非物质的世界和场所。正因如此，"世间"被限定为"客体的物所在之场所"的"空间"含义，与 loka 的含义并不相互重叠。不得不说，近代科学的一大特征即"空虚的空间"概念与此处的 loka 毫无关系。因为 loka 能够被译为"场面""领域""界"等词语，它这类领域性含义绝未指称**抽象化并抛弃了在此处**所产生之现象的单纯空间或场所。loka 既完全在实质上包含此现象，又必然在现象的特殊性中限制它。例如，"欲"的现象是在欲界 kamaloka 产生，但"欲界"并不是其中"欲"的现象得以产生的场面。与此相反，"欲界"并不先于"欲"的现象存在。"欲"的现象区分它自身与"无欲"的现象，它作为"欲"之现象在彼处存在时，这一存在的领域便是欲界。"畜生界""人间""天上"之类 loka 也依此意义进行区分。若站在我的意识之立场思考"可见世界"，那么便可以说，畜生与人居住在同一世界中。但是，站在 loka 之区分的立场来说，"畜生界"与"人的世界"（人间）完全是两个不同的世界。在我们的意识中所见"畜生"，或是家畜，或是猛兽，它们不过是充当**人的世界之内容**的东西，因此，它们便不是**畜生界**的一员。我们要通过转世投胎为畜生，也就是说，要通过**主体地**成为**畜生**，方才能够进入畜生界。因此，我们便能阐明，"畜生界"和"人间"这类 loka 是有充实内容的、主体性存在的特殊界限和特殊领域,并非客观的空虚的场所,它完全是场所和领域,并非单纯的迁流。若所谓"迁流"是在时间特性之中洞察人间关系,那么,就可以说,在上述"场所"的含义中,loka 尤其呈现出众生的生命关系的**空间特性**。

当然,哪怕是在印度,将 loka 解释为迁流者亦有人在。佛教视 loka 的无常为其根本命题。于是,在此命题强力发生作用之处,"无常"被视为 loka 概念的根本规定。因此,后世的注释者甚至加上了在语源学看来毫无道理的说明:"loka 意味着 lujjati(可毁坏)",这便是上文提及的中国佛典注释中"世"被解释为"可毁坏"的文献依据。只要站在佛教的立场上,便可以说,对其无常性的强调导致了原本意为"场所""领域"的 loka 一词被转化为特殊概念。

虽然保持了以上原有的空间含义,但经由佛教带到日本的"世间"概念主要是在其时间特性中被理解的。因此,在变作日常生活用语之后,"世间"一词理所应当的意思是"无常性"。但是,较之理所应当的意思,日常生活中的用法更强力地发展了它背后的"场所"含义。loka 的翻译是"世界",看似尽数除去"世"拥有的时间意义。与此同时,"世间"将 loka 的本义"可见的世界"让渡给"世界",逐渐仅承担"主体性存在领域"和"生命情境"一类的意义。对我们来说,如此意义的发展是十分有趣的。

之所以选择"世"作为 loka 的译文,也许是基于这样一个

34

事实:"世"就像我们在"世代"中看到的"世"那样,意味着"时间"。但是,"世"也是意味着"人的社会"的字。"弃世""遁世"是说人从社会中逃离,"世情""世态"是说社会的存在样态。"社会"被理解为类似"世途""世路"一类指示某种场所性事物的词语。日语的"よ"(yo)就被用作"世"的对应词。也就是说,它一方面是"代"(よ),同时,另一方面,如在世"出世"("世に出る")和"弃世而去"(世に捨てる)等熟语中所呈现的那样,它也意味着"社会"。"涉世"(世「よ」渡り)和"混世"(世「よ」過ぎ)指在社会中生存下去。正因为"世"意味着人间的共同态,所以平安朝①的文艺作品甚至用"世"字表达男女的间柄。这样,虽然并未与"迁流"相抵触,但"世"的含义并不包含在"迁流"之中,它的日常用法也逐渐向此方向不断发展。

如上文所述,仅"世"一字就已表达出人间共同态之意。并且,与此字结合的"间"和"中"两字自身亦意味着人间关系。当然,两者有明显差异。"世"首先是"代"和"时"。与此相对,"间"首先是空间性的间隔,"中"也是空间性的"中"。有所谓"桌子与桌子之间""山与河之间""天与地之间",或者是"水之中""都市之中""世界之中"等等用法。但是正如"世"在取"时"之意的同时意味着社会一样,"间"和"中"在意味着"空间"的同时,也意味着人间关系。如男女之间(男女の間)②、夫妻之

———————

① 日本历史时期,以首都设在平安京得名为平安朝。从 794 年(延历十三年)神武天皇迁都平安京到 1185 年(文治一年)镰仓幕府建立,约 400 年的时间,又称"平安时代"。

② 即男女关系。

仲（夫婦のなか）①、间隔疏远（間を距てる）、“仲”有变化（仲違いする）②等用法所明示，它们是“关涉、沟通”一类人与人之间的**行为关联**。若缺少行为，人无法生产任何“間”与“仲”。但是，若不在某种“間”与“仲”中，人便无法做出任何行为。所以，所谓“间柄”与“行为关联”乃同义词。这样的“间”“仲”，并非“桌子之间”和“水中”之类的静态空间，而是鲜活的、动态的“间”，从而意味着自由的创造，这便是人间的共同态。

如此，若“世”“间”和“中”一道脱离单纯的时间性或空间性的含义，反而意味着人间共同态和人间关系，那么在两字组合形成“世间”或“世之中”时，我们又在哪几种意义上使用“世”“間”和“中”呢？表达“沉沦于迁流之中”时，我们取“世”的时间特性和“间”的空间特性分别使用之，它的用法与“在随波逐流中”一致。但是，在“**世間に知られる**”（为**世间**了解）“**世の中を騒がせる**”（引发**世之中**的骚动）等用法中，“世”和“间”两字首先结合起来表达了**同一种含义**：它是**了解的主体**，也是**骚动的主体**。因此，我们也说“世間を承知せぬ”（不知世间）③和“世間の口がうるさい”（世间之口嘈杂）或者是“世の中に湧きかえる”（世之中沸腾）④、“世の中がしずまる”（世之中平息）⑤等等。当我们在“摆出对他者的某种态度”的情

36

---

　① 即夫妻关系。
　② 即关系变坏。
　③ 即不通人情。
　④ 即社会骚动。
　⑤ 即社会恢复正常秩序。

境下，我们同样也说"世間をはばかる"（避开世间）①、"世間
に申し訳ない"（对不起世间）②等等。在此情境下，"世间"和
"世之中"意味着人的社会，这是再明白不过的了。因此我们
也能明确地洞察到，"间"和"中"不意味着在"社会"的情境之
中。即使我们说"世の中に出る"（出到世之中）③，它也不是
在"从水中钻出来"这类用法的"中"。因为我们可以把前者替
换为完全相同意思的"社会に出る"（出社会），但不会说"社会
の中に出る"［出社会之中，如果要用"中"这个字的话，就不得
不说"社会の中にはいる"（进入社会中）］。如此看来，我们所
用的"世间"和"世之中"，是将"世"及"间"和"中"各自拥有的
"社会"的意思反复重叠和强调的词语。

37　　　实际上，日本在开始使用"社会"这一译文之前，此词所表
达的含义主要通过"世间"和"世之中"两词来表达，它们比起
"社会"更是毫不逊色。正如在中国有所谓"乡民为社会"（《近
思录》④）的说法，把在宗教层面结合的小型村落共同态叫作
社会。"社"本来是土神，对"社"的祭祀仪式是团体（集团）的
根底。但是除宗教含义外，"社会"主要仅显示了像"联合起来
一同做事"一类团体的含义，完全未触及社会的时间、空间特
性。然而，"世间"和"世之中"两词既显示了上述"社会"的意

----

① 即忌惮社会的评价，避世隐居。
② 即对不起社会，或对社会上的人们怀有歉意。
③ 即走向社会。
④ 《近思录》，南宋理学家朱熹和吕祖谦编撰的理学入门书籍。选取北宋理
学家周敦颐、程颢、程颐、张载四人语录 622 条，分类编辑而成。

思，又在此基础上继承自古以来的传统。从而，它含有某种**场所性的、不断推移的事物**之意。作为一种行为关联，"世之中"必然意味着"间"和"中"等广延，同时，也同样因为它是行为关联，所以它必然是不断运动变化的。所以，人们在将社会理解为"世间"和"世之中"时，同时也一并能理解社会的空间的、时间的特性，进而理解它风土的、历史的特性。毋宁说，人们先在"世间"和"世之中"两词之中自觉到以上含义，它作为"社会"的含义反倒在更晚近的时期才发展出来。

上述"世间""世之中"两词的含义捕捉到人间存在的历史的、风土的和社会的特性，值得充分尊重。这就是"人间"一词的本义。此处，我们以上述词语含义为前提，提出"世间"和 38 "世之中"的概念。所谓"世间"或"世之中"是人的社会，以迁流性或场所性为自身的特性。或者说，它们就是历史的、风土的和社会的人间存在。

我们已经将"人间"概念规定为"世之中"自身，同时，又规定为"世之中"的人。现在，如同上文所做那般，在确定"世间"和"世之中"的概念的同时，我们也要将人间对应两者的侧面称为**"人间的世间性"**。与此对应，另一个侧面应称作**"人间的个人性"**，人间存在是两特性的统一。人间存在是行为关联，行为关联既是共同态，又在个人行为中被施行出来，这便是人间存在的结构，从而，在此存在的根底处，有行为关联的动态统一。这正是在"伦理"的概念中被显明的秩序和道路。

但若是如此，伦理难道不是"当为"吗？怎么反而是"存在"的根底呢？"存在"究竟是什么？"人间存在"又是什么？所谓 Sein（有/定有）①与 Sollen（当为）的区别是否适用于此处呢？

① 关于 sein 一词的翻译，详见本书第 189—190 页的注释。

4. "存在"一词的含义

众所周知,"存在"一词目前被用作 Sein 的同义语。但虽如此使用,"存在"的含义与 Sein 的含义却不是重合的。Sein 是主词与宾词相连结的系词(Copula),因而,它在逻各斯(ロゴス)①之中占据中心位置,Sein 因此也成为逻辑学的中心问题。然而,**"存在"一词绝不能是系词**,我们翻译"S ist P"作"S **是** P"(SはPである)或"S 乃 P"(SはPなり)。这便是说,**结合 S 和 P 的是"である"和"なり"等词语,不是"存在"。**仅在所谓"存在判断"的场合,"存在"才相当于 Sein。Ich bin 可以翻译成**"有我"**(我れがある)或**"我存在"**(我れ存在す)。所以我们能够主张,只有把一切判断归于存在判断时,"存在"才能普遍与 Sein 对应,这样便把"S **是** P"解释为"S 作为 P **存在**"(SはPとして存在す)之谓。但若是如此,把"存在"当成 Sein 同义语的做法自身已表示出某种逻辑学立场,这正是"存在"并非 Sein 同义语的证据。

①　即希腊语λόγos(Logos),意为"语言""规律"等,是后文"逻辑学"(logic)的希腊语词根。英国哲学家格斯里(Guthrie)曾总结出它的 10 种含义,参汪子嵩等:《希腊哲学史》(第一卷),人民出版社 1988 年版,第 457 页。

Sein 有作为系词的意思,对于它的翻译,我们应选择一直以来用作系词的词语,它就是构成"である"和"なり"之根干的"あり"。尽管它用作名词确为罕见,但至今它仍活跃在例如"ありのまま"(如**实**)①等说法中,为我们所用。但是,在其系词的用法中,"あり"就变成"である"(是)和"なり"(是/乃,成为……状态)等词;在表达事实的 exstentia(本质)时,则取"がある"和"あり"的形式。从而,将归属于系词的 Sein 当作问题,就是把"である"(是)当作问题;把与思维对立的 Sein 当作问题,就是把"がある"(有)当作问题。"あり"本身向两个方向分化,反优于并未展示出如此分化的 Sein。所以有人会议论"Sein 的问题仅被限制在逻辑学领域,因此此词失去了作为本体论问题的原有意义"或"黑格尔在逻辑学中恢复本体论问题"等等,这些问题都是因为其中的 Sein 尚未分化。逻辑学处理"である"(是)、本体论处理"がある"(有),两者在根源上都基于"あり"。所以,一种基础性的本体论必然存在,否则,就无法处理根源性的"あり"。换言之,我们姑且明确了当前的问题。

我们使用汉语"有"来对应"がある"。本来,汉语没有对应系词 Sein 的字,所以"有"绝不含有"である"(是)的意义。与"有"相对的字是"无","无"也是"がない"(没有)而非"でない"(不是,汉语的"でない"是"非")。因此,处理"がある"的

---

① 即"原封不动地、按其所有(あり)"的存在状态。

本体论无非是"有之学"或"有论"。"有论"是这样一门学科，它围绕一切"がある"即一切"有"，阐明其存有方式（有り方），由此解决哲学问题。

41

　　但是，我们在将本体论规定为"有论"的同时，单单"有"这个字也能引导我们更进一步。因为"有"除了意味着"がある"外，尚有另一种强度相同的意义即"拥有"（もつこと，Haben），归于"有"的一系列用法明确显示了这一点。"所有"一词，既意味着有着的物（有るところのもの），也意味着（被）拥有之物（有たるもの）。与此相同，海德格尔讨论了希腊语的 ousia。Ousia 本意为"所有物"，此意义也为亚里士多德沿袭，此词同时也是"有着的物"。因而，所谓"有着的物"是"在手边可使用的物"之谓，为使用它，就需**贴身携带之**，从而 ousia 指示了贴身携带的关涉。通过如此诠释，海德格尔将 ousia 与 ousia 的译文 essentia① 带入对话的存在（交涉的存在）之中。可以看出，"有"非常明显地引导出了上述一系列的诠释，例如在"有为、有意、有志、有罪、有力、有德"等用法中，"有"之后出现的词语，既是**有**也是**所有**。有为之士既是**有成就**的人士（為すあるの士），同时也是**拥有成就**（為すことを持つ）的人士，有利的事业，既是**有利益**的事业（利ある事業），同时也是**拥有利益**（利を持つ）的事业。**拥有**的是人间，在人间之中**有**。在"有"的根底处，一定能找到人间。所谓"**有钱**"是

42

————

　　① Οὐσία是希腊语，转写为拉丁字母即 Ousia，而 Essentia（本质）是它的拉丁语对译。

指**拥有**金钱，从而金钱是所有物。只有基于"**拥有**"的人间关涉形式才能说**有钱**。

当然，对于"物"我们也说"有"。就像所谓"有形之物"那样，**有棱角的石头**是**拥有棱角**的石头。但是在这里，我们并未承认石头能做"拥有"的行为，只不过将"拥有"的人间关涉手段转移到石头身上，拟人地表达罢了。

如果上述的"がある"是**人间拥有**的话，那么我们应当如何解释"**有人间**"（人間がある）这个短语呢。人间自身并不能**被**人间以外的任何事物**所拥有**。"市有人"（市有レ人）意味着**市场上有人**，也意味着**市场拥有人**。但是，市场明显是人的聚集、是人间。即使认为"天"或"天子"拥有人间，所谓"天"或"天子"也只反映了人间的整体性而非人间以外的东西。反过来讲，人间拥有整体性即人间拥有天或神。因此，能够做出"拥有"行为的只有人间。从而，我们要将"**有人间**"（人間がある）看作**人间拥有人间自身**，"**有人间**"的特征正存在于这一点之中。

所有的"がある"（有）都将"人间拥有"一事当作根底。若我们说所谓**拥有物**的人间不外乎是**人间拥有其自身**的话，那么"がある"之学即"有论"不得不在终极意义上突破到人间拥有其自身之事。表达出人间拥有其自己本身的词语，正是"存在"。

如"存じております"（存知）那般[1]，在眼下最日常的用法中，"存"字表达"在心中持守某事"之意。"存"的含义非常

---

[1] 存じております是知る（知道）的自谦语（敬语）形式。

古老,《孟子·离娄篇》有"**人之所以异于禽兽者几希,庶民去之,君子存之**"(人之所以能与禽兽相区分的地方是很少的,庶民离开它,而君子留存它)的说法。君子**保持着**人之所以是人而非禽兽的因由。朱子[①]注此文时说,众人**不知晓它**而离开了它,君子则**知晓它**并留存之。朱子之注在此强调,这类保持是**自觉的保持**。也可以说,这句话显示出"存"的主体性作用,也显示出它与自己本身的关涉。换言之,"存在"并不只是"**がある**"(有)而是**自觉拥有**。孟子也有这类语录,在《孟子·告子篇》中,他说"孔子曰:操则存,舍则亡,出入无时,莫知其乡,唯心之谓与"(孔子这么说:若把握,那么存在;若舍弃,那么消亡,没有出入的时间,也不知道它的归宿,这难道只是在说心吗),通过这些话,我们也能理解同样的意思。心若去把握则"有",若它舍弃则"亡"。在心之中**把握即在心中留存**。因此,他又说"君子所过者化,**所存者神**"(出自《孟子·尽人》,意谓"君子所经过地方的人就被教化,他的精神得以留存")。这是在感叹君子经历的内容是教化,其**自觉的内容**则是神妙莫测的,其中"所存"一词至今仍在使用。"存"是作用,与此相对,"所存"则是其意向对象——也就是说,它是自觉拥有者。

毋庸赘言,"存"意味着保持自己本身。它意味着与**忘失**相对的"把握",意味着与**亡失**相对的"生存"。也就是说,它是主体性的作用和行为,并非**有客体**(客体があること)。但是,

---

① 即朱熹。

主体理解的乃是在自己本身的理解中成为对象的东西。"所存"是自觉内容,属于意向相关项(ノエーマ的)。这样,人间也能留存"物",正因人间所留存的物借助人而持存下去,故而"客体的物**存在**(存する)"一类用法,也能成为向导。但是,"存"的原本含义是"使……存在"(を存する)而不是"(自身)存在"(が存する)①——通过"存身""存生""存命""存录"等用法,我们也能明白这一点。

如此,尽管作为主体行动的"存"意味着拥有自己本身,也意味着拥有物,但正因如此,"存"也明确带有时间特性,"拥有"含有"丧失","把握"含有"遗忘"之意。在"危急**存亡之秋**"一类的表达之中,"存"是时间的推移,强力地表达出"不知何时转化为亡"一类意思。在"存生""存命""生存"等用法之中,"存"所具有时间意义的事实是不能被掩盖的。只要"存"意味着主体的行动,这便是理所当然的。

与"存"含有时间的含义相对,自古以来,"在"就被赋予了"在某处"(にあり)的特征。也就是说,它意味着**在某个场所**(ある場所にある)。如果"市,有人"(市有レ人),那么"人在市"。尤其是"在宿""在家""在乡""在世"一类用法,能够用"人**居于家中**"(人が宅にいる)②、"**居于世上生存**"(この世に

---

① 前一个存する是他动词,即主语留存宾语、使宾语存在;后一个が存する是自动词,即主语自身就可以做"留存"的动作,不需借助他人。

② 在日语中,にいる可以转写为"に居る",通常只表示生物的"在";与此相对,にある可以转写为"に有る",通常表示无生命之物的"在"。

生きている)等“居于”(にいる)的句式来表达,显示了主体
性、场所性的含义。不能说“在山上的石头”(山に在る石)是
“居于山上的石头”(山にいる石),但是,主体地行动的人**“在
某处”**即他**居于**(いる)彼处。此处“在”与“去”的含义相对,能
做“离开”(去る)①动作的只有自行离开的人,是他们离开,在
山上的石头不能自发离开它所在的场所。从而,只有来去自
由的人才能在某个场所之中,“不在”并不意味着某个人不在
任何地方(即**没有**这个人),只不过是意味着他**不居于某个场
所之中**罢了。

　　“在”所指示的场所性含义不只与空间性的场所相关。正
如上述“在市”“在宿”“在家”“在乡”“在世”等用例所示,“在”
也可以指示**社会性的场所**。正如上一节所说,“在世”就是在
世间生存。于是,不得不说,“在”启示出主体地行动的人**在某
种人间关系之中**。所谓“在家”是在家庭之中,所谓“在乡”是
在村落共同态之中(所谓“在乡军人”的意思是不在军队之中,
而在军队以外的共同态中的军人)。从而,“来去自由”意味着
自由往来穿梭于人间关系之中,意味着在人间的间柄之中的
实践交际(交涉)。若没有这样的实践关涉(かかわり),就没
有人能够在社会场所之中。如此看来,“在”是人们在各自的
社会性场所中不断往来,从而是“人间”对自己本身的拥有。

　　当然,“在”字也可以用于表示物的状态。但是,物之所以

46

----

① “去”即离开,故而日语的“离开”写作去る。

在某个场所,乃因人间在此场所之中拥有它。场所的限定是人间带给物的,物自身不去限定。人们说"石头在山上",但"山"的场所是人间决定的。因此,物之"在"不得不被归到人间之"在"中。如此看来,可以认为"在某处"(にあり)的"在"的本义是"在社会性场所之中",这正是上文所讲的意思。

如上所述,"存"的根源意义是主体的自我把握,若"在"也同样意味着主体在根本上乃是在实践交际之中的,那么,就可以明确,**"存在"的意思是主体作为间柄的自我把握**,即人间拥有自己本身。"存"是**自觉地拥有**,而"在"是**"在社会性场所中有"**(社会的な場所にあること)。若我们将这两点结合起来,所谓"存在"便可以说成是"自觉地在世之中"。但是,若我们强调"在世之中"仅在实践交际之中方才可能,那么,不得不说,所谓**"存在"是"人间的行为关联"**,这就是我们的"存在"概念。因而,在说"存在"时,严格来说,我们表达的是**"人间存在"**。说"物的存在",不过是存在概念的拟人转用罢了。此转用脱离了"存在"的本意,仅意味着"有"。我们虽然留意到"存"的时间性意义与"在"的场所性意义,但在说物"存在"时,甚至没有包含这些意义在内。所谓"桌子存在"并不是意味着桌子**此时此刻**、**在此地有**,而仅是"有桌子"。把"有"(がある)改写为"存在"(存在する)不仅是没有必要的,而且在一些场合甚至连如此改写都是不可能的。例如,没有人会把"今天(我)有钱"(今日は金がある)说成"今天钱存在"(今日は金が存在する)吧!

5. 作为人间之学的伦理学之构想

上文规定了"伦理""人间""世间"和"存在"四个根本概念。至此,我们相信,"伦理是人间共同态的存在根底"这一最为初步的规定终于得到阐明。伦理学是如此伦理之学,所以它必然是人间存在之学。

如此说时,我们已然阐明,此"人间存在"不是与"当为"相对的 Sein。因为人间存在是人间的**行为关联**,所以,它并非在自然必然性中可能的客体 Sein。它是行为,总是朝向尚未实现之事的实现。但是,作为**人间的**行为关联,它又非单纯主观的"当为意识"。所谓人间的"世间性"和"个人性",既让**人间的行为**成为共同的,也使其成为个人的。它既意味着**个人的行为**不仅是个人的和主观的,也有超越个人的根底;又意味着**共同态的行为**既不仅超越个人,也必然在个人的行为中表达出来。也可以说,主观的"当为意识"就是上文所述人间存在反映在个人意识之上的结果。

我们可以把 Sein 与 Sollen 看作从人间存在之中推导出来的概念,人间存在是两者在实践层面的根源。所以,若要在根本上阐明人间存在的意义,一方面需夯实回答"客体性 Sein

如何成立"之问的基础,另一方面需夯实回答"Sollen 意识如何成立"之问的基础。前者可以走上这一道路来回答:从"人间存在"到"对物的拥有",再从对物的拥有到"有物",最后到达"有的谱系"。后者则可以通过解决另一个问题来回答:**我们如何自觉人间存在的结构?** 人间存在之学要能为这两个方向的进路提供稳固的地基。

49

人间存在之学要把人间存在把握为一切观念性事物的地基,同时把它把握为自然的"有"的地基。如此,人间在存在之中既显现为个别,又实现为整体。就像个别通过从主体**存在**抽离出来就能成为肉体那般,个别可以是相对于"肉体"的、主观自我的个别。如此,这一整体是个别的共同态,当它从主体性**存在**抽离出来时,便成为客观的造物即社会;因而,它仍是能够成为主观自我之间相互作用的整体。然则,作为主体性存在,它完全是实践性、行为性的,此时,尚且没有"有"也没有"意识"。如此"存在"是通过"个"到"整"之运动中的存在,因此,产生此运动的地基是"绝对空"即"绝对否定"。所谓"绝对否定"既是否定自己、成为个别,又是否定个别回到整体的运动自身,它自身是人间的主体性存在。正是这运动使得一切人间共同态有了可能。一般来说,它是为制造出间柄而出现的**行动方式**(ふるまい方),贯穿行为关联(行为的連関)本身的全过程,而这正是伦理。因此,人间存在之中已有伦理,在人间共同态之中,伦理既已得到实现。

50

伦理学不得不如此把握伦理,这又是如何做到的?这是下编讨论的问题。目前较为合宜的策略是姑且以某种方法，把那些在人间存在之中主体地、实践地被实现的事物放入学术意识之中考察。因此，"伦理"之学同时也一定是"人间存在"之学，这便是"作为人间之学的伦理学"。

人间之学的另一面也是人间的自觉。在此，人间在反省意识中不断重复在存在层面被实现的事物。从而，也可以说，伦理学是人间的自觉的体系化。

至此，我们可以大致确定作为人间之学的伦理学的课题。伦理学只要是人间之学，它的首要问题就必然是人间的根本结构——人间既是"世间"又是"人"。在人间存在的双重特性中，能够寻得一切实践的根本原理。那么，在实践中被实现的"人间共同态"又是什么？这是第二个问题，它不得不涉及人间的"世间性"，在这里，需在根源上处理"世间"和"存在"概念展示出的空间性和时间性问题，继而，良心、自由和善恶的问题由之也能得到解决。乍看起来会让人感到惊奇，但作为人间的存在结构，空间性和时间性正好担负了如此的实践意义。解释人间的世间性，就是要阐明人间的孤立存在是什么。然而，与此同时，人间的共同态如何被此孤立存在中介的问题也就得到了解答。于是，我们探寻共同态多种多样的层次，顺着它给出的线索，便能探究实践原理被实现的不同阶段。第三个问题处理的乃是人间的连带性（連帯性）结构，责任、义务、道德等问题正是在此得到了根本解答。在共同态的各层次被显明的同时，人间的空间性和时间性显现为人间的风土性和

51

历史性的自己。共同态的形成沿袭风土的、历史的特殊方式,换言之,实践原理被实现的阶段是被风土地、历史地限定的——这是第四个问题即人间的特殊性问题,国民道德的原理问题在此处得到解答。

作为人间之学的伦理学的工作就是从人间存在的根本结构出发阐明这些课题。

我们从"伦理""人间""世间""存在"等词语导出了以上构想。同时,我们也重视语言,它使得民族的体验在客观层面结晶。因此,以上构想并不只是恣意的思考。然则,更进一步,我们能通过回溯伦理学的历史来证明,自古以来,这些思想已经在哲学家之间发挥功用。此处选取几位代表性的哲学家,试着在他们言论的核心思想中,寻得作为人间之学的伦理学的构想。通过这一工作,以上构想便能得到历史的支撑。

6. 亚里士多德的政治学

　　我们在上一章提出"伦理学"的概念,然则,另一方面,我们通常只把"伦理学"看作 Ethics 的同义语来使用。在问及**伦理学的语义**时,我们处理的一般是 ēthikē, ēthos, ethos 这类希腊语词的意思,这样的做法可谓司空见惯,没有什么奇怪的。但是,我们所谓"伦理学"的概念是否与 Ethics 相重合?这就需要把问题回溯到 Ethics 一词的产地希腊,试着思考它的含义。

　　亚里士多德据称是写成体系的 Ethics(伦理学)的第一人,《尼各马可伦理学》(*Ethica Nicomachea*)便是这类成体系的 Ethics。[1]但是,亚里士多德自身并未如此为这本被称为 Ethica① 的著作命名,在这本著作之中他讨论的乃是 politikē(政治学)。②按伯内特③的说法[2],在亚里士多德的著作中,完全找不到区分 ēthikē 与 politikē 并让前者另起门户、单独成 53

---

① 希腊语 ηθικη,意为"伦理"。
② 希腊语 πολίτικη,意为"政治"或"属城邦之事"。
③ 伯内特(J. Burnet,1863—1926),苏格兰著名古典学家,代表作有《亚里士多德的伦理学》和《早期希腊哲学》等。

为一门学科的想法，甚至没有把 Ēthikē 用作名词的任何例子。与此相反，亚里士多德只写了一本《政治学》（politikē）。后人将它分为 Ethica① 和 Politica② 两本书当然不是无稽之谈。Ethica 部分与 politica 部分的著作年代不同，从表面来看，两者不能看作同一著作的不同部分；而从内容来看，Ethica 的所有要点都盼望 Politica 的出现，Politica 的所有要点都以 Ethica 为前提。Ethica 问的是人的善（よきこと）如何被实现，其回答则是统治创造出特性，特性让人行善的活动成为可能。Politica 上承 Ethica 的内容，议论统治或国家制度，通过这两者，同一种 methodos（方法）得以塑形。亚里士多德称以上所说的整体为 politikē，从而，这位《尼各马可伦理学》的作者既没有称前半部分为 ēthikē，同样也没称后半部分为 politikē。Ēthikē 是范围宽广、包罗万象之 politikē 的一部分即 peri politeias。③也就是说，Ēthikē 正是城邦式的（ポリスの）人间生活，或关于城邦制度组织的部分。

如此看来，对亚里士多德本人而言，不存在与 Politikē（政治学）对立的 Ethik（伦理学）。因此，严格说来，所谓亚里士多德是写成近代含义之 Ethics 即与政治学对立 Ethics 的第一人的说法乃是错误的。本来，他称之为 Ethica 的部分从个人视角考察人的"善"，如此考察方法被奉为 Ethics 的规范。然

---

① 即希腊语"伦理学"ήθικος 的拉丁语转写。
② 即希腊语"政治学"πολίτικος 的拉丁语转写。
③ 即希腊语"论城邦"Περί πολιτέιας 的拉丁语转写。

而,亚里士多德自己不因此便认为它能够是独立学科。这部分需要与从城邦视角处理此问题的内容合拢,方才成为一种研究。在他称作 Ethica 部分的末尾,亚里士多德明确否定了使它成为独立学科的提议。也就是说,他在这里研究的是"人的哲学"(he peri ta anthrōpeia philosophia①, *Eth. Nic.*, 1181b15.),要从**个人及社会组织两方面**进行考据才能完成。"人的哲学"正对应我们所谓"作为人间之学的伦理学"。于是,我们便要更清晰地把握之。

亚里士多德称上述"人的哲学"为 politikē,所谓 politikē 的意思是**关于城邦的人**(politēs),这就明确显示出亚里士多德并未将"人"仅看作孤立的人,而是看作**在社会之中的人**。希腊人在表达"社会"的意思时,通常使用城邦(ポリス)一词。Ethnos② 则是已被充分组织的人群。Koinōnia③ 则是比社会更加紧密的结合,指的是 communion(社群)。因此,to politikon④ 和 hoi politai⑤ 正意味着 community(社区)。从而,"关乎城邦人的事"就是在社会整体之中的人之学,切斯(チェース)曾经将 politikē 翻译成"社会之学"(Science of Society),这并非离经叛道之举。所以,在亚里士多德那里,"人"(Anthrōpos)的哲学同时也是"社会"之学,从这一事实之中,我们能够把握

① ἡ περί τά ἀυθρώτεια φιλοσόφια 的拉丁转写,直译"关于人的哲学"。
② ἔθνος 的拉丁文转写,意为"部落""部族"。
③ Κοιυωυία 的拉丁文转写意为"社群""社区"。
④ Τό πολίτικου 的拉丁文转写,直译为"关于城邦之事"。
⑤ οἱ πολίται 的拉丁文转写,直译为"城邦人"(复数)。

人间存在的"个人"和"社会"的双重特性。因而,亚里士多德"人的哲学"的内容就是"**人间之学**"。

亚里士多德将这种意义的 politikē(政治学)即"人间之学"看作真理(真实)的**主要技术**(Arkhitektonikē)。每种技术(teknē)都有各自的目的(telos),同时,一种目的又作为其他目的的手段而属于后者。缰绳和其他制作马具的技术隶属于骑马技术,骑马技术隶属于其他军事行动和战术。如此状况下,处在**高位的技术**被称为 Arkhitektonikē(主要技术)。因而,高位技术的目的是让其他目的隶属于自己。亚里士多德把这类关系应用到学问中去,将认识"实践目的之巅峰"的学科称为主要技术。所有其他学科所指向的目的(也就是**善**)都隶属于主要技术所指向的目的。因而,"人间之学"的目标是最高目的、**最高善**,也就是**人间的善**。亚里士多德称它为"属人的善"(anthrōpinon agathon),但他并未仅仅从个人视角看待它。他说,即使在城邦与个人两者的目的相一致的情况下,城邦的目的也更为伟大和完整。达成个人目的虽有价值,但为民族或城邦的利益达成目的更加美丽和高贵。如此目的正是人间之学所追求的。(*Eth. Nic.*,1094a25—b11.)

在上述理念的影响下,亚里士多德写出了他称之为 Ethica 的书。Ethica 是**人间的最高目的之学**而非个人的善之学。但是,之所以 Ethica 仍要处理个人意识中"善"的问题,首先是为着**考察上的便利**,抽象出个人存在来进行研究。亚里士多德的研究正以此为出发点。

如上文所述,在亚里士多德看来,属于 Arkhitektonikē(主要技术)的"人间之学"追求的是最高目的即最终目的。正因为最终目的不能当作其他问题的手段,所以它必然是**自足的**。但是,所谓自足(autarkeia)不代表形单影只、过孤独生活之人的"充足",反而是指他有父母、子女、妻子,广言之有朋友和同邦人(也就是社会)的充足,因为人是作为社会人(politikos)诞生在世上,但必须在此处加上某种限制。祖先、子孙、朋友的朋友等等,若推展下去就没有**尽头**……于是,在此,我们如此定义"自足"概念:**即使在被孤立的**时候,人仍能把生命看作是值得欲求且无所缺乏的。幸福就是这样的事物。(*Eth. Nic.*, 1097b8—16.)。①亚里士多德于此明确承认:人间要达成的最高目的不是使个人自足的东西,而是使**人间**自足的东西。他又主张,我们无从理解人间的自足问题,抽象出个人的存在只是考察的一种手段,这就意味着只从人间存在的双重特性剥离出其中一种进行考察。因而,它是方法上的抽象,非在现实中承认个人存在。然而,古代希腊化的世界国家和近代的资产阶级社会在生产出个人主义思想的同时,也将上述方法的抽象看成现实本就如此。与此同时,Politica 让抽象的个人存在回到原有的双重特性,它恰恰被看成是与 Ethica 之间存在着相互独立、互不干涉的关系,这便是 Ethica 被误解的原因。

---

① 本段译文翻译参考:[古希腊]亚里士多德:《尼各马可伦理学》,廖申白译注,商务印书馆 2003 年版,第 19 页,结合和辻文译出。

57

故而，在进行人间之学的尝试时，我们首先能够像亚里士
多德那般，把"是否不抽取出个人存在就不能出发？"看作一个
问题。柏拉图就不这么想。亚里士多德之所以这么想，乃是
由于，他承认即使在**被孤立的人**之中也有自足的终结态（自足
的完结态），此种承认基于他的**个人主义倾向**。此倾向乃公元
前 4 世纪的希腊的特征，它被认为是即将到来的公元前 3 世
纪的世界主义者（kosmopolitēs）立场的先驱。在这一点上，亚
里士多德与公元前 5 世纪的思想，尤其是代表性地继承这种
思想的柏拉图有明显差异。后者虽强调了个人人格与道德价
值，但个人**只有**通过参与某种普遍的力量才能获得意义。首
次发现"个人"的苏格拉底判定个人的本质在**理性之内**，也就
是说，判定它在对概念的认识、对普遍者的认识之内。与此相
似，柏拉图只从普遍出发理解个人的本质内容。然而，亚里士
多德颠倒了方向，他把**个人自身的本质内容放在个人之中**。
个人的存在根据、权利根据并不在普遍之中存在，而是存在于
其自身之内。所谓个体性是在**形式之中**被**统一**的**多样**即被形
式限定的质料。但是，这类统一的达成乃是借由**从质料内部
而来的发展**即在根源上既已在此（そこにある）的东西的发
展。因此，个人就成为了这样的人：他在**其自身那里拥有根
据**，不需要假借普遍领域的什么东西。从而，理性无非就是个
人从内而外的发展方向。站在这一立场，亚里士多德首先从
个人的存在出发开始他的人间之学。

因此，他从人间的存在出发，使其共同态的侧面抽象化，

此处被当作问题的仅仅是"人的存在",它是在**与动植物的区别**中显明的。"人"的存在之所以与自然的"有"不同,是由于人的动作(働き,ergon)或活动(praxis)乃是**借由逻各斯的实践**(ロゴスによる実践)①,道德恰好存在于此。人的善是"与德性相合的心灵动作"(徳に合える心の働き,psukhēs energeia kat aretēn)即作为万物之灵长,人与"长于万物"(德性)相配的心之动作。与 Ethics 词根相同的形容词 ēthikē,亦被用于形容将人与自然物相区分的卓越性即"德性"。基于逻各斯的德性,一方面属于知识的(dianētika),一方面又属道德(ēthika)。将人与自然区分开的正是 ēthika 之特性。这么说乃是因为,ēthika 是从 ethos(习惯)推导出来的词语,自然物所缺失的正是**习惯**。自然物不会因习惯改变其本性。无论把石头抛上天多少次,石头也不会养成向上运动的习惯。但人会因习惯改变其本性,亚里士多德提出**习性的**(即道德的)卓越性(即德性),它是习惯的结果,是人与动物不同的原因,是道德的领域。

60

如此,亚里士多德看似站在个人在自身之中拥有其根据的立场上,捕捉从此根源而出的发展即道德。可以说,相较公元前 5 世纪的立场,此处出现的是个人主义伦理学。在古早

---

① Λόγος 一词,无论在《尼各马可伦理学》还是在亚里士多德其他著作中都是极难用同一意义统一翻译的词语。故本书遵循惯例,以"逻各斯"音译之,参见:[古希腊]亚里士多德:《尼各马可伦理学》,第 8 页,注 3。在和辻哲郎取用该词的某一意思时(例如将此词直接写作"言葉"),则遵照和辻的意思翻译(例如对译为"语言")。

的立场中,个人借由相对于整体性的位置而获得评价,人不得不服从整体性的规范。亚里士多德暂时脱离"整体性规定个人"的关系,仅承认个人自身之内道德的根据与目标。个人人格的发展即借由逻各斯的实践,而这便是道德。

但是,亚里士多德的个人主义绝不是只在人间的个别中断定行为的准则,又将人间之整体性完全从视野中抹去的个人主义。一方面,他主张个人在自身之中有根据;另一方面,他也主张人在本性上是城邦的动物(ポリスの動物)。他明确说"相较于个人,城邦是优先的"①(Politica,1253a 18ff.)。如此,我们便需在两主张的统一之中观察他的人间之学。承认个人在根源上的实在性和把城邦放在比个人更优先的地位——两者无疑相互矛盾。但是,矛盾的统一正是人间的结构。此处已然浮现出人间的个别性与整体性的辩证关系之问题。

这样看来,相对于公元前5世纪的整体主义,亚里士多德所主张的并不只是个人主义。在人间之学的开头就将个人的存在抽出,其目的乃是阐明人与动物区别的关键点即**借由逻各斯的实践**。在这时,亚里士多德无疑预先告知这是为考察便利而进行的抽象,但很难断定他最初便充分强调了人间的个人性和社会性这双重特性,借由逻各斯的实践也绝不能只归给个人。于是,我们可以断定,应从亚里士多德上述对双重特性的阐明出发,不应从他抽出个人存在这一事实出发。然

61

---

① 原文作ἡ δὲ τούτων κοινωνία ποιεῖ οἰκίαν καὶ πόλιν. καὶ πρότερον δὲ τῇ φύσει πόλις ἢ οἰκία καὶ ἕκαστος ἡμῶν ἐστιν.

而,需承认,若要领会亚里士多德的人间之学在内容上的双重特性,就不应让他的人间之学的前半部分独立出来,变成个人主义的伦理学。[3]我们应把他的人间之学的前半部分与研究人社会性存在的后半部分联系起来,在此联系之中理解他的学说——这也是亚里士多德自己在 Ethica 的末尾所明言的。同时,也要抓住这一关联,领会他的人间之学的全貌。

在称作 Ethica 的部分中,亚里士多德认定,人的本性是借由逻各斯的实践和活动。但在称作 Politica 部分的开头,他又力陈人的本性存在于社会性存在即人间存在之中。两者的统一必然是人间之学本有的问题。

62

亚里士多德就"人的本性在社会存在中"这一命题作出如下说明。首先,男女相互没有另外一方就无法存在,所以,他们在本性上结合为家庭。在此情况下,家庭的整体就比夫、妻、子女等个人优先。日常生活的需要在整体中被满足,在目标比仅满足日常生活需要更高的情况下,家庭相互接近形成部落。最自然的部落形式是由同一家庭产生的队群(コロニー)。①更进一步,为数众多的部落到了几乎或完全**能自给自足**的规模,结合成完整社会时,城邦就登上历史舞台。城邦基于生活的必需,**为着善的生活**而存续。在三段式的发展之中,城邦成为家庭和部落的目的。但亚里士多德认为,事物的本性无非就是它的目的。若认为家庭和部落基于人的本性,那

---

① 队群(Colony),文化人类学概念,指共同采用寻食的生产方式,在采集和狩猎时相互配合的人群。规模通常较小,在 30—50 人之间。

么城邦就必然更深刻地基于人的本性。这样，人**本性上**被认为是**城邦动物**，也就是说，人在本性上是"人间"。

通过在根本上颠覆"孤立人"立场的方式，亚里士多德施行了他的主张。他说，"城邦在本性上先于家庭及个人，因为整体必然比部分优先。譬如，如果身体的整体被破坏，则已无手或脚。所谓'死人的手足'的意思类同于把石制的手称为'手'。然则，'手足'是在其动作与力量之中被限定为手或足的，所以，它们失去此特殊性质时，便不能是一种手足，只是有相同的名字罢了。城邦基于人的本性、优先于个人，其证据在于**个人若被孤立就不是自足的**，从而，对于城邦而言的个人相当于对于整体而言的部分。无法在社会中生存的人，或因自足而不需要社会的人，都不是城邦的成员，他或是一只野兽，或是一位神祇"（*Politica*，1253a18ff.）①。

在此著名段落中，亚里士多德自发反驳前述立场即承认孤立人有自足的终结状态的立场。个人在城邦整体性之中发挥各自的功能，只有如此，个人才成为个人。因此，若人被迫孤立，就意味着他不再是人。站在孤立人立场，无论再怎么去规定"自足"，我们都不得不说，这类"自足"并不适用于在社会

---

① 此为本书译者所译，并在部分词句上参考了如下两个版本：[古希腊]亚里士多德：《政治学》，吴寿彭译，商务印书馆 2009 年版，第 9 页；又参考[古希腊]亚里士多德：《亚里士多德全集》（第 9 卷），苗力田主编，中国人民大学出版社 1994 年版，第 7 页。在后者，《政治学》的两位译者颜一和秦典华的选词在某些关键词上与和辻哲郎的理解不尽相同，例如原文的 φύσις 译为"自然"，如"城邦作为自然的产物"，与和辻哲郎把该词理解为"本性"不同，故本书主要参照吴译本，并借鉴苗编本作相应调整。

之中的个人。

　　亚里士多德看似并未亲自给这两种对立的主张带来统一，毋宁说他同时揭示出了这两种主张。在说人在本性上是城邦动物之后，又接着说了下面的话：仅仅"城邦动物"没有规定人间，蜜蜂和其他群居动物也是城邦动物。人间与它们不同，首先是因为拥有语言。语言（logos）不仅是声音。即便是其他动物，也能够感受到并能够相互告知它们的快乐和痛苦，就这一点来说，动物们就用声音来**标记**快乐和痛苦。然而，语言的目的是展示出对事物利害、正确与否的辨别。因此，拥有语言就是对正确与不正确，善与恶的辨别。**辨别的共同性使家庭与城邦**（即人间）**成立**。因而，人在本性上既是城邦动物，又与逻各斯同在。由于这两点原因，人才成为城邦动物。

　　然而，我们能够从两种主张被并列的事实之中，寻得两规定的统一。一方面，**借由逻各斯的实践塑造了社会**。与动物不同，人**拥有语言**就是拥有辨别即**理性**。借由语言即理性的"自我与他者的合一"关系正是人间共同态的根底。我们当然可以如此理解：人间关系是在自我与他者之间理解性的交流与沟通，此理解既已包含对善与恶、正确与不正确的辨别。例如，所谓"男女若缺少对方就无法存在"，实际已经理解了男女的结合，男女结合的"法则"（のり）和"方法"（かた）即"辨别"业已包含于此理解之中。所以，人间存在同时也是理解性的存在。总体而言，人间关系只有在相互理解中才能成立。然而，另一方面，**社会性存在也形成了逻各斯**。在缺少人间关系

64

65

的地方产生不了语言;若无说话对象,语言的产生便无意义。因而,语言根植于人间存在,语言表达出的辨别同时也是人间存在的自觉。正确与不正确的辨别先在于作为存在自身之结构的辨别。例如在男女理解一定"规则"并进行结合的场合,他们好似可以预先拥有此理解那般,被赋予作为男人及女人的资格。若不基于男女结合,男人就不可能自觉到自己是男人。这样看来,语言即辨别的基础乃人在本性上是城邦动物之事实。这样,借由逻各斯的实践就以人间存在为基础,在借由逻各斯的实践中,人间存在才是可能的。两种规定借此相互制约而达到统一。

上述相互制约毕竟基于人间的个人性和社会性双重特性,不能说亚里士多德清晰地捕捉到了这种制约。但他恰好在这里提出**"语言"**一词,给了我们丰富的暗示。出乎他的意料,"语言"更为清晰地展示出他所解释的整体与部分关系。从语言的共同性成为共同态根底的侧面来看,语言既属于个人,也在自我与他者之间共通,但无论谁都不能独自制造语言。语言是社会的产物,被赋予个人,因而,我们把共同的语言化为己用。因为这种个人的东西之中有共同性,所以我们能通过语言回归到共同态。此处可以寻得如此图式:作为整体之否定的个别—借个别之否定回到整体。上述两种规定的统一实际上也要对应这一图式,在根源上,人间存在生产了逻各斯与借由逻各斯的实践,后者实现了人间存在。人间之学的目标就是这一动态结构。

　　举出身体与手足的例子,就足以说明亚里士多德所说的整体与部分的关系。与此类似,亚里士多德也强调部分乃**是显现整体之中的部分**。个人的语言是社会的产物,唯有如此,它才是个人的语言,与此类似,个人只有显示出社会,方才是个人。然而,这样的思考,仅捕捉到了其中一面:并非部分的集聚形成了整体,反因整体部分才被规定。但是,它却错失了**部分的独立**。手足在显现整体时才是手足,但手足自身不能独立存在。然则,尽管个人在社会中方才是个人,但他也可以背叛社会。此处必须结合他的另一种思考分析:个人在其自身中拥有根据。从而,社会对于个人乃是先在的,也使个人成为个人;同时,它必然有这样一层含义:社会在对自己的否定中成为个人。若个人只不过是社会的手足,那么,个人甚至不能凭自己的意志服从社会。亚里士多德指出,柏拉图《理想国》的主要缺陷是废弃私有财产及家庭,而这意味着用城邦消灭个体性。若消灭个体性,那么"个人服从整体"的关系就是不可能的。因此,在社会之中,所谓"个人之为个人"一类表达必然含有**"个人从社会中独立"**的意思。因为独立,另一种契机即"通过个人的结合实现社会"也得以激活。这样看来,虽然亚里士多德自身没有充分尝试结合整体主义与个人主义,但他给我们启发出异常丰富的思想。

　　这样看来,亚里士多德的《政治学》(*politikē*)即人间之学正是所谓 Ethica(伦理学)和 Politica(城邦之学)的统一。正因如此,他的《政治学》既已展示出作为人间之学的伦理学。

67

68

通过站在"个人是**在社会中的个人**"的出发点重审**站在个人立场**的借由逻各斯的实践，我们便发挥它真实的意义。在Ethica 的部分中，"正义"被称作"最大的德性""完全的德性"和"非德性的部分而是德性整体"。到了 Politica 部分，"正义"明确接受了社会的规定。"正义是属城邦的。因为所谓'正'是支配城邦社会的秩序，'正'决定了正义。"（*Pol.*, 1253a36—37.）①因此，社会管理即城邦统治与后世情势大不相同。前者并非后世所谓与道德事务相区分的意义上所言的政治和法律事务，反而，它在根本上是属于道德的。"法律命令我们进行德性实践"（Eth. Nic. 1130b23.）。②法律是逻各斯之声，是个人和社会（也就是我们所谓）**人间的**共同的良心。现代常识把道德与法律看作截然不同的东西，以此观之，或许主张法律和道德的统一有些幼稚。但只要我们在个人性和社会性这双重特性中理解人间，就要在个人性与共同性之中把握人间的道路。通过阐明人间之道，作为人间之学的伦理学必须同时为法律和道德奠基。因此，正如康德在《道德形而上学》（*Metaphysik der Sitten*）中所述，伦理学要同时包含法律哲学与德性论，康德的这种观点原原本本地继承了亚里士多德"政治

---

① 原文作：ἡ δὲ δικαιοσύνη πολιτικόν: ἡ γὰρ δίκη πολιτικῆς κοινωνίας τάξις ἐστίν, ἡ δὲ δικαιοσύνη τοῦ δικαίου κρίσις. 和辻用"正"翻译希腊语 δίκη，用"正义"翻译 δικαιοσύνη，吴寿彭中译本以"是非曲直"翻译前者，以"正义"翻译后者，较为易懂，但丢失了前者与后者之间的词源联系。

② 廖申白中译本作"法律要求我们实行所有德性"。参见〔古希腊〕亚里士多德：《尼各马可伦理学》，第 133 页。

学"的理念。

于是,我们要找到亚里士多德在近代的继承人,试着考察亚里士多德的作为人间之学的伦理学在历史之中如何发展起来。我们主张,亚里士多德的"政治学"不仅是 Ethics,也是我们所谓的"伦理学"。那么,此论断是否也适用于康德的道德哲学呢?

注释:

[1] 另外,尚有《大伦理学》(*Magna Moralia*)和《优台谟伦理学》(*Ethica Eudemia*)两书,被归在亚里士多德名下流传至今。但一般认为两者都不可能是他本人的作品。然而,耶格尔(Jaeger)在《亚里士多德》(*Aristotleles*)一书中将《优台谟伦理学》(*Eth. Eud*)看作他早年作品,而将《尼各马可伦理学》(*Eth. Nic*)看作他晚年的作品。

[2] J.Burnet,*The Ethics of Aristotle*,p.XXVI—XXVII.

[3] 借用西季威克的一句话:Ethics(伦理)以 private Ethics(个人伦理)的形式表达出来,这样的说法更能明确 Ethics 是**个人**的善或幸福之学。也就是说,它仅是对人的善或其幸福的研究,而善或幸福是作为个人而通过个人合理性的活动而得到的。(*History of Ethics*,p.3.)

7. 康德的人学①

  康德留下名为 Anthropologie("人学")的著作,从前的日本人译之为"人类学"三字。但是,康德所尝试的并非人类学。依他在此书序言所述,Anthropologie 是"体系性地总结关于人的知识的学说"(eine Lehre von der Kenntnis des Menschen, systematisch abgefasst),因此,这里既有自然学的"关于人的知识"之学,就是自然学的人学(即人类学);也有关于**自由行为者即人**的经验知识之学即"实践观点的人学"(Anthropologie in pragmatischer Hinsicht)。康德尝试的乃是后者。

70 因此,康德所谓人学的源头,首先是在与同城镇和同区域的人们**交际**中获得的"关于人的知识"(Menschenkenntnis);接着,我们能够通过旅行和游记扩展这种知识;更进一步,我们可以阅读世界史、传记、戏剧、小说等,充当扩展知识的辅助工具。基于这些材料,康德想要领会日常具体的人所具有的各种各样的心情、欲望、意志和情感等等。所以,从结果来看,他的人学类似经验心理学。但是,此处所谓的"经

---

  ① 由于和辻在之后的文章里仅使用 Anthropologie 的片假名音译アントロポロギー,并拒绝翻译它为"人类学",故拟翻译为"人学"。

验"并非站在学术立场所言,而是**在实际生活中的经验**。就这一点来看,它与现代的经验心理学不同。康德也明确承认,为着根本上提出作为**一门学科**的人学,在人的本性之中存在重大的困难。也就是说,在具体地经验人的时候,我们不能采取观照的立场,从而也就无法采取学术的立场。围绕这一话题,康德如此说道:"一、若人觉察到其他人在观察和研究自己,就会感到尴尬(害羞),**不能展现**出自己的本来面目。或者他们会假装自己是其他人,不让原本的自己**为他者所知**。二、即便只想研究自己,尤其是论述情绪的状态时,即便没有伪装的先例,他也陷入一种临界的境地。冲动活动时,他不观察自己,他观察时冲动又平息了。三、如果**地点**与**时间**的情势是持续性的,那么我们会适应它,形成**习惯**。正如我们经常说的,习惯是第二天性,人使'自己本身是什么'一类自我判断变得困难。更进一步,人使'应把正在交往中的他人看作是什么'变得更加困难。因此,人被命运抛入此情此景之中,或自发冒险地跳入此情此景之中。这些状况(境位)的变动,使得把人学提升为一门正式学科变得异常困难。"(*Cass. Ausg.*, 8. Bd., S. 5.)[①]如果我们正确地承认此困难,那么,把现实中

---

① 此段为本书译者所译,参照李秋零译本有所修改。李秋零译本作:

那觉察到有人在观察他并且试图研究他的人,将要么显得尴尬(害羞),而此时他就不能表现出自己的本来面目;要么就伪装自己,而此时他是不想被认出自己的本来面目。

哪怕他只想研究自己,首先就他在这种情况下通常不容伪装的情绪状态而言,他也陷入一种临界的境地,也就是说,当动机在活动时,他不观察自己,而当他观察自己时,动机又平息了。(转下页)

行动的人看作学术经验(学的经验)的对象是不可能的。人**不可能**在具体形态中**被观察**。因此,围绕着行动的人这一对象,基于观察的经验之学不能成立。尽管如此,康德仍然想要提出人学,它以"关于人的知识"为源泉,**但此知识并不基于观察**。在被观察时冲动已平静,在冲动发生时它自身反不被观察到。然而,既然我们冲动地行动,便知道冲动是什么。而且,虽被观察时他者无法展示本有的姿态,但在与他者的实践交际之中,不必观察便可接触到他者本有的姿态。它是在实际生活交际之中的经验,是那被称为"关于人的知识"的。似乎只要人与人之间**存在着实践交际**,人们在观察之前既已主体地把握了自我与他者。康德承认,就人的知识而言,其前提乃是在"交际"之中——此处便彰显了他这样做的真实意义。因此,关于人的知识,从其根源来看,可以称为"人间知识",它正是康德人学的源泉。

但是,**人间知识如何可能**?仅仅自然对象的认识之可能性被揭示出来,绝不能解决此问题。然而,仅基于人间知识的可能性,康德树立在实践观点之上的人学就能立稳。认识的可能性能为之奠定基础的对象只有自然学的人学即人类学,

---

(接上页)地点和时间如果是持续不断的,就造成了习惯;习惯如人们所说,是第二本性,它给人对自己的判断,即他应当把自己看成什么人,增加了困难,但更给他应当对与他交往的另一个人形成一个概念增加了困难;因为人由于自己的命运而被置入,或者他也作为冒险家自己把自己置入的境地的改变,使得人类学更加难以把自己提升到正式科学的地位。

参[德]康德:《康德著作全集》第 7 卷,李秋零译,中国人民大学出版社 2008 年版,第 115—116 页。

这种人类学并非把自由行为者即人当成对象的人学。那么，康德尝试视后者为"人间知识"之学时，又是如何思考人间知识的可能性依据呢？

康德并没有明确提出这个问题，然则，在他《人学》序言的开头却提及人的规定"人是自己本身的终极目的"，正文的开头则揭示了人格（Person）与物（Sache）的区别，而明确了这一规定的并非他的理论哲学，而是他的实践哲学。并且，他的《人学》夯实了实践哲学的基础。因此，似可作如此解读：在实践哲学中，康德悄悄提出并解决了人间知识的可能性依据问题。

73

为证明此解读，不妨一瞥康德哲学体系的整体结构。在康德的晚年，耶舍（エッシェ）①编撰的《逻辑学》终于付梓。在该书的"绪论三"②中，康德说：所谓哲学就是**借由概念表达的理性认识。**③所谓理性认识是**由原理得出的认识，**因此必然是先验（アプリオリ）的。哲学是理性认识的**体系，**是我们充分积蓄这类认识并在其间构筑出体系的关联；也是通过整体的理念对此类认识的结合。但在此意义上，哲学实际不过是哲学的学院概念（学究的概念，Schulbegriff）罢了。④如此哲学的

①　耶舍（Gottlob Benjamin Jäsche，1762—1842），德国哲学家，生前曾任康德的助手和《逻辑学》讲义的编者。

②　即耶舍版康德《伦理学》导论三，参［德］康德：《康德著作全集》第 9 卷，李秋零译，中国人民大学出版社 2010 年版，第 20 页。

③　李秋零译为"哲学是……出自概念的理性知识体系"。参［德］康德：《康德著作全集》第 9 卷，李秋零译，第 22 页。

④　参［德］康德：《康德著作全集》第 9 卷，李秋零译，第 22 页。

目标是技巧与熟练，它仅追求思辨的知识，不能期盼它对人之理性的终极目的作多大的贡献。与此相对，哲学的**世间概念**（世间的概念，Weltbegriff）①则认为，所谓哲学是**人之理性的最终目的之学**。这一高位概念赋哲学以**威严**，也就是说，赋予它绝对价值。前者是**理性技术**，仅阐明对**任意目的**的理性使用规则。与此相反，后者则是这些目的最高的统一，它所阐明的是最终目的。因而，**实践哲学就是本来的**②**哲学**。

如此规定之后，他又说：

在世间概念之中的哲学，乃是这样的学科，它使一切认识以及理性的使用与人理性的终极目的产生关联……于是，在这种意义上，哲学的情境可以由以下几个问题来概括。

一、我能够知道什么？

二、我应当做什么？

三、我可以希望什么？

四、人是什么？

74

---

① 中文又翻译为"宇宙概念"，但李秋零译康德《逻辑学》时，则译为"世间概念"，与和辻哲郎相同，此处从李秋零译本。参［德］康德：《康德著作全集》第9卷，李秋零译，第20页。

② 在和辻哲郎的《伦理学》之中，日语的"本来性"对应海德格尔概念中的Eigentlichkeit，汉语一般翻译为"本真性"。但和辻哲郎在《伦理学》之中玩起拆字游戏，将"本来"拆成"向本而来"或"来到本"（本即本源，下文中本后的"源"字为译者为阅读通顺补充），显然，"本真"没有办法译出和辻在此选字的心机。故本书保留"本来"一词。

回答第一个问题的是**形而上学**，回答第二个问题的是**道德学**(Moral)，回答第三个问题的是**宗教**，回答第四个问题的则是**人学**。但在根本上，人们可以把所有这一切都归给人学，因为前三个问题都与最后一个问题相关。①

本来的哲学是**实践哲学**。那么，根本上说，哲学的根本问题都属于人学。毋庸赘言，此处所言之人学并非作为经验学的人学，反是最根源的学科，纵然是探索人知识之源泉、阐明经验之可能根据的学科，也要以它为基础。康德究竟有没有认真地思考过人学呢？

我们的回答是肯定的。我们能在第一批判最后的"纯粹理性的主要技术"(Architektonik)②一章中，找到与上文几乎一字不差的相同主张。原来，康德在这里使用的"主要技术"一词基于亚里士多德所使用的相同概念。我们已在上一章说过，亚里士多德借由"主要技术"表达的是**目的性统一**（目的的な统一），他称呼最高目的之学为 Arkhitektonikē。现在，康德同样用它表达由目的性的统一达成的体系技术。此处的最高目的是理性的原本目的，因此，从理性的**主要目的**即**理念**产生

75

---

① 本段翻译参考［德］康德：《康德著作全集》第 9 卷，李秋零译，第 24 页，并在和辻翻译的基础上作了调整。

② 在李秋零版中译本《纯粹理性批判》中，Architektonik 对应的译文为"建筑术"(参［德］康德：《康德著作全集第 3 卷：纯粹理性批判（第二版）》，李秋零译，中国人民大学出版社 2004 年版，目录)。此处依循上文和辻对亚里士多德的翻译，拟采取"主要技术"为 architektonik 所对应的译文。

的图式带来了主要技术性的（architektonisch）统一。与此相反，依循经验和偶然展现的目的而规划出的图式，只能带来技术性（technisch）的统一（B. 861.）。因而，人理性的终极目的之学是世间概念的哲学，它是一种主要技术（architektonisch）。因任意目的产生的理性技术的哲学仅是技术性的（technisch），所以，他在此也驳斥了一类做法，即"仅以知识的体系统一即知识**在逻辑上**的完整性为目的，不期望更高层次的目的，仅在学问上探求此目标的知识体系"，康德斥责它为学院概念和理性技术家的工作。与此相反，哲学只有作为"研究一切认识对**人理性的本质性目的**所具何种关系的学科"，才堪称真正的哲学。这就是在"关于所有人都必然关心的事物的概念"即"世间概念"之中的哲学。然而，本质性目的仍是复数，并非唯一最高的目的。"因此，它要么是终极目的（Endzweck），要么就是必然隶属于终极目的的诸目的。**终极目的不外乎是人的整体规定，关于这一终极目的的哲学是道德学（Moral）。**"（B866f.）①而且，因为道德学是终极目的之学，所以它必然是真正的哲学，因哲学的目标乃"人的整体规定"，故它必然是一种人学。如此想法与前述逻辑学的构思极其相近。

本来，在逻辑学中，回答"我能够做什么"的是道德学，人

---

① 本段为本书译者所译。李秋零译本作：根本目的并不因此就是最高目的，它们中间（就理性完善的系统同一性而言）只能有一个惟一的最高目的。因此，它们要么是终极目的，要么是作为手段必然属于终极目的的从属目的。前者不是别的，就是人的全部规定，而探讨这种规定的哲学就叫做道德。参［德］康德：《康德著作全集》第 3 卷，李秋零译，中国人民大学出版社 2004 年版，第 536 页。

学被置于道德学的根底。然而,此处道德学的目标是人作为终极目的的整体规定,所以道德学占据此前人学所占据的位置。这意味着,在逻辑学中被称作"人学"的学科,实际上不外乎是"人的整体规定之学"。

行文至此,我们便可以给康德的两种人学作一明确区分。一种是**经验学**的人学;另一种是**道德学**的人学,后者阐明前者之经验的可能根据,即人间知识的可能根据。所以,康德说:"道德形而上学原本是**纯粹道德学**。在此,无论哪种人学(任何**经验制约**),都无法被置于其根据的位置。"(B 869.)①这句话提及的"人学"仅意味着第一种人学。

这样看来,康德的道德学即实践哲学是"人的整体规定之学",它是最根源的人学。在《道德形而上学奠基》②之中,康德在内容层面明确实现了根源的人学,此书的主题是在**经验的及理智的**双重特性中规定"人"。在第一批判中,超越论的人格是概念的运输车,也是概念的根源,因而它被规定为完全无法成为思维和概念的对象。站在这一立场,人只能在经验的特性中被处理为客观。然而,实践哲学提出,人的人格性乃

77

---

① 本段为本书译者所译。李秋零译本作:"因此,道德形而上学真正说来就是纯粹的道德,在它里面并不以人类学(不以经验性的条件)为基础",参康德:《康德著作全集》第 3 卷,李秋零译,第 537 页。

② 该书似与前文的 Metaphysik der Sitten 是不同的两本书,该书的德语名为 Grundlegung zur Metaphysik der Sitten,关于该书的题目,中文主要有如下几种译法:《道德形而上学奠基》(邓晓芒译本)和《道德底形上学之基础》(李明辉译本)、《伦理形而上学探本》(邓安庆)等,为与前文的 Metaphysik der Sitten(道德形而上学)区分,取用邓晓芒的译法。关于两者之间的区别,参邓安庆:《论康德的两个伦理学概念》,载《伦理学研究》2019 年第 4 期,第 42—51 页。

是本体人。人不仅作为客观去"**有**",也作为不能被客观的主体而"**行动**"。一方面,人是自然物;另一方面,人同时又实践性地存在,他是自由的主体。后者虽然不能被"认识",但能在纯粹情感中直接显现出来。在如此双重性之中对人的规定就是"人的整体规定",当为的意识正建立在此双重性基础上。

从上述双重性出发,我们也能理解康德所创制的定言命令的种种公式。尤其是在被他称为"人性(Menschheit)的原理"即定言命令之中,能最明确地看到上述人学的结晶。该定言命令即"行动时对待人性的方式是,不论是自己或者他者,绝对不能只当成手段,同时永远要当成是目的"。从人的本体特性来看,人并不是**为了**什么而存在,而是绝对价值的保有者。"人作为其自身的目的(自我目的)而存在。"但是,从经验的特性来看,人也是一种自然物,从而能被用作手段。如此,因为人有"手段"和"自我目的"的双重结构,所以,当我们处理"人"这一概念时,就需兼顾双重特性,这正是康德所谓"人的整体规定"的表达。

但文至此处,作为"人的整体规定"之学的人学就不能继续局限在单单"人"之学的状态。原来,康德在"经验的"和"理智的"双重特性之上规定"人",看似没有虑及"人间"的整体性。但是,若仅站在"人"的立场、不与"人间"的整体性发生关联,就无法从手段和目的两方面特性出发,处理在人格之中的人性。人能够被当作手段,因为人具经验特性。正因此,处于理智特性之中的人也能同时被当作手段。沿着这一方向,我们仅从**个别**的侧面观察人。但是，人一定要被当作终极目的，这是因为他有理智的特性。在理智的特性中，人不能作为个别存在，使得人被当作人的特性只有一个，被称为"人性（Menschheit）"或"人格性（Persönlichkeit）"。也就是说，在自我和他者的人格之中，人性完全是"自他不二"的。若不是如此，在我人格中的、在你人格中的人性都不能是**终极目的**。单单对我而言的或单单对你而言的所谓"终极目的"就像说"相对的绝对目的"一般没有意义。然而，"自他不二"的人性只要具体地体现在人格之中，那么，在个别的人格之中，"自他不二"的特性必然显现出来。也就是说，必然存在着一种人间共同态，其中一切人能够在他经验的特性之中被当作终极目的。从这个侧面出发，我们就理解了**人间的整体性**。这样看来，康德在双重特性中对"人"进行的规定，就是在个别性和整体性两方面把"人"规定为我们所谓的"人间"。人学作为人的整体规定之学必然是"人间"之学。

诚然，若不把康德的人性原理看作**人间关系的原理**，就无法理解它。我是理智之人，具有相应的权能，能够把你当作手段。但是，只要对我而言，你同时也是理智之人，也是终极目的，那么我就必然成为你的手段，从你的角度来看亦然。因此，我与你的关系是，既相互成为手段，又相互成为目的。从手段的角度来说，自我和他者有差别，但从目的的角度来说，则是"自他不二"的。有差别的、无差别的、个别的、整体的关系正是人间关系。因此，康德将人性的原理称为共同态的客

79

80

观的法则（gemeinschaffliche objektive Gesetze）。

基于此种诠释，我们主张，康德的道德哲学最为深刻的内容是我们所谓的"人间之学"。但是，并不是说康德自觉到并明确说出了这一点。毋宁说，他有意识地采取的立场乃是 18 世纪的个人主义。因此，虽然我们在《道德形而上学奠基》之中看到，康德尝试把本体人的无差别性把握为人间的整体，但是这种尝试却没有被充分地施行出来。康德虽然规定人为自我目的，但此目的却总是**复数的**，他把既个别又为数众多的目的体系之结合看成是目的王国。当然，康德认为，目的王国"不过是理想罢了"，并非现实中被实现出来的共同态。不仅如此，目的王国是由共同态法则确立的，共同态法则只有在人"目的—手段"的双重特性之中方才可能。因而需看到，为数众多的目的之所以为数众多，只因这些目的基于经验的特性。康德把终极目的表达为复数形式。恰如"理性事物（复数）的世界（**理智世界**）作为目的王国乃是可能的"一句所言，他之所以把本体人表达为是个别的，全因他带有个人主义的意识。所以，说康德与莱布尼茨等人一样提出"量的个人主义"（量的個人主義），也不是无稽之谈。康德没有将本体人的无差别性解释为整体性，反解释为个别性的本体人的**在质上的等同**（質的等しさ）。从原子式的（アトムの）本体人立场出发，没有办法说出作为鲜活整体性的共同态。因此，相对目的的多数性，整体性被认为是"作为普遍立法意志的个别理性者的意志的**理念**"，超个人的理性意志的理念代替了人间的整体性。

康德倾向于主要从个人立场出发考察人的整体规定,从而断定实践哲学的中心问题是"意志"。当然,在他那里,意志不仅是个人意志。严格来说,被他称作意志的仅是理性意志,理性意志是超个人的。但此超个人的意志是不含任何差别的抽象普遍,不可能是鲜活整体性。因而,这种意志的自律就并非鲜活整体约束自己即并非约束其成员,它也只是不含个别的抽象意志约束其自身罢了。此意志的自由是抽象和普遍的自由,并非具体的个人意志之自由。在他那里,个人的自由被称作是 Willkür(任性),拥有"经验"和"理智"双重特性。超个人的意志在个人意志中的显现就是**当为**,因而,必然能在个人的当为意识之中寻得意志的自律。只要把整体和个人的关系看作意志的问题,从个人意识中把它挖掘出来,那么,道德问题就有无法避免的外观——看起来它只能停留在主观意识的范围以内。

这样看来,虽然康德道德哲学的最深刻内容是我们所谓的"人间之学",但仅就其显于表面的内容来看,也可以看作"主观的道德意识之学"。因此,人们对康德的学说可以采取三种态度。一是如康德哲学的表面所呈现的,承认"主观的道德意识之学"是道德哲学,脱离伦理学乃"人间之学"的立场。也可以说,这是从"我思"开始的近代哲学之主流。与此同时,它舍弃了亚里士多德"城邦之学"(Politikē)的思考,Ethics(伦理)严格说来应被称为"Private Ethics"(私人伦理)。二是理解康德的人间之学为其本意,不将他看作个人主义者,反看作

82

社会主义者。新康德学派代表人物柯亨(コーヘン,Hermann Cohen)就持此立场,据信他最好地激活了康德的精神。三是既承认康德的道德哲学是主观的道德意志之学,又在其中找到他道德哲学的不充分之处,试图用人间之学克服之的立场。这便是通过否定康德的表面论述而激活了康德哲学最深处的奥秘。可以说,黑格尔的人伦正立于此立场之上。

在上述的三种看法中,二和三都展示出作为人间之学的伦理学的传统,它们都克服了康德的个人主义和主观主义,进一步明确了人的整体规定。但是,理智世界的思想被打上了康德为阐明实践行动世界而苦斗的烙印,它在二和三之中都被观念论地(観念論的に)排除干净了。因此,二和三都是从康德而来的发展,同时亦不应错失的一点是,正是康德带来了从此出发进一步革新和发展的契机。通过探究这一契机,便能进一步确立作为人间之学的伦理学的构想。

为证明我们对康德的人间之学的诠释绝非恣意妄为,首先需考察康德的彻底诠释者柯亨的人间之学。

8. 柯亨的人间的概念之学

柯亨称康德为德意志社会主义的真正创始人。如此称呼的根据在于人性的原理即应从手段和自我目的两个方面对待"人"这一概念。柯亨主张,只有康德本人称之为**共同社会法则**的原理才显示了定言命令最为深刻和强力的含义。与此同时,它也是社会主义的原理。

从康德的伦理学之中找到社会主义,这一方面是将社会主义树立在理想主义之上,另一方面又淘汰了康德哲学显于表面的个人主义。借由后者,康德所谓的"人性"(Menschheit)既是人的整体性,也是共同社会。共同社会使人成为人,故也规定了人之道。但是,从前者的立场来看,共同社会是被严格地当作**理念**来对待的,社会并不是"有之物"(有るもの),而是"应有之物"(有るべきもの),因而,它成为了现实社会当为的根底。

康德给我们留下了亟待处理的问题:是否只应把理智世界当作理念,完全逻辑主义地理解它?然而,我们可以说,柯亨既充分承认康德实践哲学的重大意义,又在人性的原理中找到康德实践哲学的核心。可以说,这正显示了柯亨对康德人间之学的深刻理解。把出自康德的柯亨伦理学规定为"人之学"(die Lehre von Menschen)并非毫无根据。

85　在康德那里,实践哲学是原本的哲学,它的根本问题都属于"人之学"。类似地,柯亨的伦理学也是作为"人之学"的哲学之中心,他借由古代哲学证明这个命题。"苏格拉底在思考出伦理学的时候,他同时也在伦理学之中找到了所有哲学的中心点。在他之前的哲学家无论怎么特意地去思考**人**,都同时以数学家和自然学家的视角思考。但是,围绕自然的课题,苏格拉底就像拿撒勒人①般说'树木不能教育自己,但城镇中的人可以'。以人为出发点反向回溯,方能打通通向自然的道路。伦理学是人之学,它成为哲学的中心,只有在中心处,哲学才能获得独立性和独特性,最终获得统一性。"(*Ethik*, S. 1.)

柯亨说,遍观整个哲学史,这一事实都没有改变。本来,各种各样的思想倾向并不都能自觉这一事实。但是"伦理学的对象是人"这一思想的力量与真理,却被包含在所有的倾向之内。其他任何问题,只要被导入伦理学的兴趣范围内,都可只凭借与"人"的关系获得自身的定位。

随着伦理学成为哲学的中心,"人"也成为一切内容和价值的中心。通过伦理学,我们在"人"之中寻得哲学的重心即哲学的存在之根、权利之源。当时,想要从哲学褫夺

86

----

①　指出生于拿撒勒的耶稣。

"人"之问的科学尚未出现。甚至神学也未曾混乱到如此地步，它未曾想完全排除关于"人"本质的智慧和人创造出的"人之学"。

柯亨在力陈"人"的问题后，又重新提出问题——以"人"为对象的伦理学，有没有被明确划定界限的领域、有没有被精确规定的问题？人们也许会回答"诚然如此"，一般说来，没有比"人"更清楚的概念。但实际上，**没有比"人"更不清楚的概念**。因此，柯亨说："如果伦理学首次谋划了人之学，那么也正是伦理学首次发现了**人的概念**。若人的概念不作为前提和根据，关于人的见解如何是普遍和确证无疑的？ 伦理学不以对'人'的统一见解为出发点，反之，毋宁说这类见解是伦理学的目标，也是其本来的内容。"（*Ethik*，S. 3.）

在此，柯亨的立场极为明确：人之学并不是**人的有**（Sein）之学，而是**人的概念之学**，它是使得关于人的一切认识成为可能的根据。"作为人之学，伦理学是人的概念之学。苏格拉底从'人'中想出伦理学之时，他同时也找到了'概念'。他在'人'的概念之中找到了'概念'。在伦理学以前、伦理学以外，没有人的概念。这样，在伦理学以前，不存在一般性的'概念'。上述的伟大的结论是从三种发现——概念、人和伦理学的发现之关联中产生的。"（出处同上）

柯亨于此表露出自己彻底的观念论立场。在他那里，"思"（思うこと）产生出"有"（有ること）。因而，人的"有"就是从人的概念那里产生的。所以，他找到的"概念"就是问"是

87

什么"（何であるか）的，是"**有之问**"（あるの問）①，因此，从"人是**什么**"的概念产生出了"所谓人**就是**如此这般（地有）"（人とはしかじかである）一类人的"有"。

行文至此，我们能够辨别柯亨究竟在哪些要点之上发展了康德的人间之学。康德急于在理智的和经验的双重特性之上规定人，对人的多数性和整体性的问题仍然态度暧昧。康德无非是在人的理智特性之中找到了人的整体性。然而，柯亨在放弃上述双重特性问题的同时，又在"人的概念"之中阐明了多数性和整体性的问题。只有站在思维生产（思惟の生産）的立场，并从此出发，赋予人理智特性以全新的意义，我们才能说出"人性是人的整体性也是共同社会"这样的话。因此，为了观察在柯亨那里的人间之学的发展，就不得不首先去回顾他所谓思维生产的立场。

通过完全排除康德式的直观即**接受性**（受容性），柯亨纯粹认识的逻辑学彻底走向了观念论。从**根源上**的学术思维生产出来的认识就是纯粹的，思维不依靠前设或者直观的多样性，它本就从**其自身的根源**中生产出来。因此，学术思维乃根源的思维，逻辑学即"根源的逻辑学"。所以，逻辑学阐明了思维走过**无的弯路**（無の迂路）、从自身的根源生产出一切**内容**，又把生产的方法展开为各种判断和范畴的形式。此处，他看似暂时克服了康德哲学两个世界的分裂。

---

① 此处である翻译为"是"，ある翻译为"有"，但需注意，如和辻在后文所言，两者有词源上的联系，"是"实际基于"有"，是"以……方式有"的意思。

柯亨认为,在伦理学之中,**纯粹意志**发挥了上述纯粹思维的作用。纯粹思维最深处的根底是一切的根源,从此出发,走过"无"的弯路,即通过无限判断和连续法则,内容就被生产出来。与此类似,纯粹意志也是**从其根源处**,通过连续生产出来的。思维和意志虽有种种不同,但同样是从根源而来的产出。因此,逻辑学所明确的种种根本概念,**原封不动地**是纯粹意志的根本概念,它们不是从逻辑学转移到伦理学的。**同一的纯粹性方法**即从根源而来的产出只是替换了问题。即便把这一事实表达为"思维转变为意志",也已言过其实。毋宁说,这样的转变只是从对逻辑的兴趣、对自然之学的兴趣转变为对**人**与其**行为**即对**世界史**概念的兴趣。因此,伦理学是**纯粹意志的逻辑学**。

89

如此看来,我们不必奇怪,柯亨在逻辑学,尤其是在《数学的判断》一章中,业已提到人的概念。数学的判断,第一是实在性(Realität)的判断,在它之中,从根源而来的产出成了"无限小"和"微分"进行的实在性之产出。与"无限小"相对应的是道德世界中所谓的"不可分"(Individuum)。正如"无限小"意味着自然的实在性,个人意味着道德的实在性。但是仅凭实在性的判断,还没有产出内容。为了生产出内容,**他者**就不得不出现。这里就有了第二的多数性(Mehrheit)的判断。多数性的发生依赖**时间**范畴。时间通过把未来(即预测)当作根本动作(働き)而区分出过去,使他者成立,从而产生内容。在这里,它就成为能够加上数字的"一",当被添加数字时,多数就出现了。这一多数性的含义在精神科学之中便是"社会"

(Gesellschaft)概念。因此，在社会的理念之中，其成员的**个别性**、法律、文化制度的个别性是它的前提，不可或缺。多数是能够加在**无限**之上的数。但是，在这阶段，无限次加总之和（無限に加えた総和）仍未出现。因此，为无限次加法画上休止符的是第三种总体性（Allheit）判断，由无穷级数（無限級数）体现。积分是无穷级数与无穷小结合而成的总体性。然而，积分超越了数字，前者不只是时间产出的内在性内容，也包含**空间**范畴的**外部**产出（空間の範疇による外的産出）。因此，数的内容成为自然的内容。时间产出了一刻不休的往复，因而仅产生差异性，无法画上休止符。但空间是**共在**，它产出了总结（総括），总体性在此处成立。在道德的世界中，我们把握总体性为共同社会（Gemeinschaft），在"国家"概念中，这种总体性又尤其明显地体现出来。实在性判断产出的**个人**，借由多数性判断产出的**社会**，在**国家**那里达成真正的统一。

以上是逻辑学所论"人"的概念。"人"的概念是在**个别性、多数性及总体性**之中的，这便是我们所谓"人间"的概念，它不仅仅是**人**的概念。因此，我们发现，柯亨的人之学实际上不外乎是人间之学。

逻辑学如上文那般阐明了人间的概念。与此相应，伦理学又要在此基础之上增添什么呢？若我们说，伦理学不外乎是纯粹意志的逻辑学，那么为何要大费周章，称之为"伦理学"呢？因为伦理学是意志的逻辑学，而不是"有"（Sein）的逻辑学。伦理学问题的特殊性皆起因于它乃意志的问题这一事实。

那么,意志的问题如何与思维的问题产生差异? 思维是纯粹生产,但一直涉及对象,它产出的概念是对象的象征。与此相反,**意志完全与对象无涉,仅仅朝向行为**。意志作为纯粹意志与欲望的不同之处在于,相对于欲望朝向对象,意志则与上述对象无涉。因而,在意志的问题中,要处理的仅仅是**意志的主体**。在意志及行为之中,被实现的意识的内容完全不是客体,而是主体自身。

柯亨极力强调这一区别。思维的问题是客体意识,意志的问题则是**自我意识**即**自觉**。康德把"意识统一"与"自觉"用作同义词,但前者是逻辑学的问题,后者是伦理学的问题,两者绝不应等同视之。意识的统一是在概念的统一那里的统一,而概念的统一是**客体的统一**造成的统一。但是,伦理学研究的乃是**主体的统一**,此处特意称为"自觉"。

因此,伦理学就成了主体之学,其根本问题是"所谓自觉是什么"。换言之,这个问题就是"所谓自我是什么? 我们应当如何规定纯粹生产了自我的充足的全部内容的**自我的根源**?"从此问题出发,我们逐渐在伦理学之中寻得人间的概念。

在探寻自我的根源之际,柯亨首先在费希特那里寻找头绪。费希特树立了与"自我"相对的"非我",正确的道路是通过"非我"探寻"自我"的根源。但是费希特的"非我"是"物"和"客体",并非主体的非我。这在知识学①中不存在任何问题,

① "知识学"(日语:知識学),德语作 Wissenschaftslehre,费希特哲学的独特概念,他从"绝对自我"出发,构建出知识体系,与现代自然科学的"科学"概念不尽相同。

92

但在主体之学的伦理学中，却不复如此。此处的问题业已离开客体，非我必然被思考为主体。所谓"非我"是对"我"的否定。在"我"这里，走否定和"无"的远路去寻求的并不是客体，反而是**我自身的根源**。因而，"非我"只能与"人"的概念相关，"人"的概念代表自我能够拥有自身根源。踏上探寻自我根源的"无"的远路时，也即面对"非我"时，在此处寻得的乃是**他者**（das Andere）概念，他者无非是主体的非我。他者是自我的根源，从而产出自我。"自我受他者的纯粹生产制约，从他者处诞生出来。若不是这样，自我就不能被定义，也就是说，不能被生产出来。……无论是对于意志还是行为，自我意识都不可能是'唯一者自我'的意识。自我（虽不包含他者）毋宁说需被迫与他者产生关系。……既然有所谓'自我与他者'，那么'自'与'他'就需孤立地存在，但是，正因为是'自我与他者'，所以两者又不是孤立的，而是相互关联的，自我意识形成于相互关联之中。**自我**意识最先受到**他者**的意识所制约。自我与他者的合一首次把自我意识生产为纯粹意志的合一。"（*Ethik*, S. 214f.）

　　生产出自我的他者正因是"他者"，才是**人的多数性**。因为，他者的概念回答了如下问题："人的多数性是哪里来的""第二者、身旁的人是从哪里来的"。柯亨如此表达这个问题："人看起来仅是个人，但这是假象。如果人是个人，并且只要人是个人，那么他就只能通过个人（Individuum）是**多数的个人**（Individuen）的事实，并唯在此事实之中，才能成为个人。

我们无法从'人'中剥离多数性。"(*Ethik*, S. 77.)

多数的个人又形成了一种统一,最为纯粹地洞察到这一点的是法学。法学对伦理学的地位等同于数学对逻辑学所占据的地位。在法学的**法人概念**之中,柯亨寻得恰似数学中的无穷级数的效用。家庭和民族等自然的团体即使确实展示了人的统一,但它们仅停留在多数性阶段,并未成为真正的统一即统一人格。但是,法人超越了单纯的综合,它是法律的主体的统一,建基于总体性。法学的"合伙(组合)"并不基于每一人格意志的综合而是基于同一意志。在这里,"多数的意志合为同一整体意志。其根据是多数的人格合一,产生一种整体性。……作为一种整体性,合伙如果能够得到(每个成员的**无限的总结**这样一种)总体性的逻辑特性,那么,它只是在如下情况中才是如此:它与一种意志行为相关,这种意识活动形成了法的活动和法的存在。法律行为由公会的每一成员之决议形成,决议好比是将每一意志总结为统一的意志,它不属于任何单独意志,而是整体意志"(*Ethik*, S. 232f.)。整体意志形成了法人的概念,人们之所以认为它只是一种"拟制"(擬制,Fiktion),只不过是因为没有理解假说(Hypothese)的深刻意义罢了。法人的整体性揭示的恰恰是**人的总体性**。"法人的自觉能实现总体性的意志之统一。"(*do.*, S. 244.)

柯亨在**国家的概念中**发现了这种最高的统一。法人的自觉是国家的概念,国家的概念是伦理自觉最精确的规范。人们错误地在"支配"的概念下思考国家的概念。但是,国家概

94

95

念显示人的总体性，它不意味权力的支配组织和财产关系。无论现实国家如何把自己的根基建立在滥用支配权力之上，国家的概念都不会为之劳心费神。国家概念产生意义的场所，并不在国家的现实之中，反在作为伦理自觉之指引概念的价值之中。因此，国家概念与**人的统一**（die Einheit des Men-shcen）概念相重合。"所谓国家与人性（Menschheit）的对立只不过是假象。我们将人的统一之根据放在国家的统一之中。此时，我们并未将'人'从'人性'中抽离出来。倒不如说，通过它，我们获得了正确的手段，得以真正扬弃个别人与普遍人性之间的对立。只有走上如此方法论道路，人性才成为**伦理理念**。"（*do.*, S. 83.）若不是如此，人性就堕入信仰的思想或者人类（Menschengeschlecht）等自然主义的概念之中。

以上所说的"自觉"展开为在"个别性""多数性"及"总体性"之中的"人"的概念。"人的概念表现为复杂的形态。个别性与多数性（也就是特殊性），以及总体性，一切都同时地成为一体。……无论在方法上还是事实中，**末与本**（末ともと）都是分不开的。人的概念成为路标，指向三条道路，即个别之物、特殊的多数性以及总体性，它们并不是相互交叉的道路。在路程之中每踏出一步，三者都不得不相伴在一起。**人之道**只存在于三者合一之中。"（*do.*, S. 7f.）

作为主体的学科，伦理学便如上文所述般明确了作为主体的人的概念。在自我的根源中，我们找到了个别的、多数的和总体的人。毋庸赘言，这里的"人"相当于我们所说的"人间"。尤其是在伦理学中，人间被当作主体对待。因此，**人之道就存在于主体性人间的个别的、多数的和总体的结构之中**。只是如此，便可以说，较之康德，柯亨更加明显地尝试了作为人间之学的伦理学。

但是，正如上文所述，柯亨的人间之学完全是人间的**概念之学**，而不是人间的**存在**之学。个别性、多数性及总体性仅是在人间的概念之中的规定，并不是人间的存在结构。若此，它与我们的人间之学相去甚远。然而，在直面这个问题的同时，我们需要明确的一点是，柯亨完全没有提及我们所谓的**存在**。

柯亨从"所谓人是什么"之问中，即从概念之中，生产出了人的有（Sein）。思维产出了"有"，但是，这种情况下的"有"，首先是概念的内容即 Wassein（是什么），并不是 existentia（存在）。从"是什么?"（何であるか）的问题出发，产生的是"**是某某**"（何々である）之中的"**是**"（である），而没有产生"**有某某**"（何々がある）。毋庸赘言，这里，作为"**是**"（である）的"有"并不直接是人间的存在。人间的存在是"是什么"之问产生的基础，它并不从此问题中产生出来。

但是，在柯亨那里，思维产出的内容同时也是对象性的内容。因此，"是"（であること）也就是"有"（があること）。这种意义上，自然界就是由思维产出的"有"。因此，由人之概念产出的人的"有"，意味着对象地有着的人（对象的に有るところの人）。研究"人"的学科就与康德作为经验学的人之学一样，不外乎是自然学的一部分。因此，上文所述人的"有"与

97

"主体性人间存在"的次序完全不同。人的"有"是在"人是什么"这一问题之后的,而人间存在却是在这个问题之前的。

正如柯亨所述,人间之学乃是问"人间是什么"的问题,因而,人间之学找到了人间的**概念**。但是,这并不意味着排除了此问题的基础事实:概念的基础乃是人间存在。在提出此问题时,人间之学是先在于此问题,并能够追溯其基础的唯一学科。换言之,人间之学既是一门学科,又是与先在于学问的存在发生关系的唯一学科。因而,尽管它是一门学科,但不能只封闭在学术的立场之中。柯亨看似没有顾虑到这一点,于是,他只停留在思维之中研究伦理学。诚如柯亨所言,如果伦理学这门学科确立了"人"的概念,那么此概念就成为一种**根据**,这根据使得关于人的一切**认识**成为可能。柯亨确立了伦理学在学术之中的基础地位,就这一点而言,我们佩服柯亨的真知灼见。但是,柯亨的论断仅在这一个侧面才能为真:伦理学作为**精神科学的逻辑学**,与自然科学的逻辑学一道,起到"理论之理论"的作用。只有在这个侧面,伦理学的问题才是思维的问题,而不是实践的问题。诚然,柯亨把伦理学当作纯粹意志的逻辑学,区分它与纯粹思维的逻辑学,但实际上此区分并非本质区分。因为纯粹意志也好,纯粹思维也罢,都是从根源而来的产出,并且都是**概念的产出**。即使煞有介事地区分客体的统一与主体的统一,概念的产出也是学术问题而不是实践问题。因此,作为一门学科,在起到"理论之理论"的功能之前,伦理学首先需是"实践的理论"。可以说,柯亨完全没有顾虑到这一点。柯亨如此失误的原因在于其哲学完全贯彻学术立场，将自身的任务看作只是为学术奠基。

柯亨将康德所做的批判工作解读为单纯的学术奠基。因而，批判必须建立在学术事实的基础上。所以，在第一批判①中，康德在数学自然科学事实的基础之上完成了他的学术奠基；但是，在第二批判中②，康德却没能找到作为此工作之线索的学科——这是批判主义的不彻底。有鉴于此，对应数学，柯亨提到了法学；对应自然科学，柯亨提到了精神科学。伦理学成为心理学、社会学和历史学等等精神科学的逻辑学，而法学就成了逻辑学的数学。即便精神科学尚且缺乏学术的严格性，但至少法学被确立为稳固的学术事实，伦理学不得不基于此学术事实并在此扎根。

然而，甚至连同一学派的纳托普③都驳斥柯亨的想法。因为理论哲学是理论的理论，所以它可以建立在学术事实的基础上。但是，实践哲学乃是实践的理论，为寻求实践法则，学术事实不能成为基础。即使是研究实践的学术，学术自身仍是理论。从学术事实中寻找到的是理论的法则而非实践的法则，实践的法则需完全在实践自身中找到（P. Natorp, *Praktische Philosophie*, S.30—31.）。这种观点认为，柯亨的

———————

① 即《纯粹理性批判》，是康德"三大批判"的第一部。

② 即《实践理性批判》，是康德"三大批判"的第二部。

③ 保罗·纳托普（Paul Gerhard Natorp, 1854—1924），德国哲学家，新康德主义马堡学派的创始人之一，和柯亨属同一学派。

伦理学是精神科学的逻辑学，仅属于理论哲学，并不归于实践哲学一类。为构建实践哲学，康德不去寻求学术事实，反直接将实践理性的事实看作其支撑，此处便含有关于实践理论的正确洞察。当然，从另一个角度来说，从康德的实践哲学为他的人学奠基的事实中，就能了解到，实践的理论也作为"理论的理论"发挥作用。康德说，历史学只有通过实践哲学才成为可能。从某种角度，我们承认伦理学是精神科学的逻辑学。但是，在这样的情况下，从实践自身之中寻得的理论更应作为精神科学的理论奠基，而非反过来，从作为学术事实的理论回溯到它的基础理论。

从实践自身出发，进而发现实践法则，就是站在学术的立场回溯先在于学术的基础。若我们充分顾及这一点，就要更根本地区分出纯粹意志的立场与纯粹思维的立场。如果纯粹意志是从根源而来的产出，那么它就是实践的产出而不是概念的产出。概念的产出是思维的任务，因而也是学术立场的工作。在概念的产出之前，有着**从实践地走过无的远路的，从根源而来的产出**，这就是人间的存在。概念无非是运用实践产出的思维所进行的把握。在这关系之中，**人间的概念就从人间的存在产生出来**。从根源上说，个别性、多数性及总体性的统一是人间的存在结构，伦理学的任务是把握这结构。就算我们认为伦理学首次发现了"人间"的概念，在有伦理学之前，个别的、多数的和总体的人间也并非不存在。

这样看来，似乎可以说，因其彻底的观念论，柯亨遗漏了先在于思维的存在。在他那里,问题只有思维所产出的有(Sein),他无暇顾及产出思维的存在。只要他固守学术的立场,这便是理所应当的结果。无论把存在、实践和意志之中的哪一个当作问题,只要被当作问题,它们就已被悬挂于思维之网。在学科的立场之中,断然没有比思维更优先的事物。但是,实践自身将学科的立场包含在内,学者开始思索的行为就是一种实践的态度。只要采取此态度,纵是实践自身,也要化作一种概念,但是,包含这种态度的实践性存在依然留存于思维的根底。作为**哲学**,实践哲学站在学科的立场之上,但作为**实践**的哲学,它要与超越学科立场者发生关系。从而,实践哲学既是一种学问,又是超越学科立场的唯一学问。柯亨出发的起点和不断深化的是康德的理论,而康德实际看到的正是上面所说的事实,论述实践理性优先地位之思想的深刻意义在此处尽显无遗。柯亨通过舍弃康德实践的一面,完成了相较于康德的"人间"概念更为缜密的、对"人间"概念的规定。但是,难道没有一条道路可以既不陷于片面性,又能更加细致地分析康德所谓理智人间的实践性存在吗?

102

如此思考时,我们不由得想到与之相反的立场:并不是思维规定有(Sein),反之,是社会性的有(即人间存在)规定思维。只有在这里,人间之学才不是人间的概念之学,反而能是人间存在之学。难道不是这样吗?

这一立场汲取了与柯亨同属观念论的哲学家黑格尔的思想水流。上文曾提及,黑格尔的"人伦"激活了康德人间之学最深处的内核。那么,他又是如何激活它的? 当观念论被逆转,存在被看作规定思维,康德的人间之学最深处的核心又是什么呢? 通过走上黑格尔的道路,我们能够更清楚地洞察作为人间之学的伦理学的命运,甚至能够寻得伦理学应当朝向的前进方向。

9. 黑格尔的人伦之学

如上文所述，康德的 Metaphysik der Sitten（道德形而上学）继承了亚里士多德《政治学》的思考。但是，我们也承认，康德也没有充分地理解人间的整体性，通过暗中承认本体人的个别性，康德个人主义的意识显露出来。从这一面来看，超个人的整体性对个别之我的限定转化成仅在个人意识内部的理性意志和行为的关系。虽然康德试写出 Metaphisk der Sitten（道德形而上学），但他错失了 Sitte（道德）的客观性，Sittlichkeit① 不过是主观意识的问题而已。若我们注意到康德将"个别之我"置于客观精神之上，重视每一个人格，但相应地轻视共同态，那么，也可以说，康德哲学脱离了古典时代，他的哲学是由新教精神制造的。

但是，伴随着 19 世纪的脚步逐渐接近，对新教精神的明确反抗应运而生。浪漫主义以热烈的宗教虔诚为特征，但它对中世纪的憧憬实为倾慕基督教中的异教元素，在根本上则是对希腊精神的憧憬。因此，浪漫主义者再次睁开了看向**有**

---

① 中文一般译为"道德学"。在后文展开论述时，和辻将 Sitten 翻译为人伦，将 Sittlichkeit 翻译为人伦之学，提请读者注意。

机整体性的眼睛，然而，他们通过极端尊重个性自觉到它。康德式的量化个人主义消除了个人的在质上的独特性（質的な独特性），但个人因其唯一的个性才成为个人，我、你与他并非相等同的原子。整体不是原子的聚集，反而成为一个有机的体系。**共同态是鲜活整体**，每个成员完全是独特的，同时，在其特殊性之中，整体得以显现，当时的人已在此处把握了其中普遍与特殊的辩证关系。

正是通过谢林，这潮流向黑格尔涌去。谢林转向希腊精神以反抗新教精神，论述"自然哲学"和"同一体系"，他绝不是基督徒而是异教徒。但是，谢林关心的是自然而不是人间，因而，有机整体性在他那里显现为"鲜活的自然"。[1]因为如此自然是"鲜活的"自然，所以，实际上这里所说的并不是自然而是精神即"主体"，黑格尔正是通过谢林参悟了这一点。

这意味着涌向黑格尔的两种影响之综合。从年轻时起，黑格尔就同时受到新教神学精神与希腊精神的双重影响；在哲学领域，他受到了康德—费希特的和谢林的双重影响。通过把谢林的思辨**自然学**（Spekulative Physik）转移到广义的**伦理学**，黑格尔完成了他的精神哲学。也就是说，黑格尔把康德的实践理性放在优先地位，以激活希腊精神。因此，亚里士多德的整体主义的立场如熊熊烈火般在黑格尔那里重新燃烧起来。鲜活整体是**人伦实体**，但这实体又是**主体**，更是**实践主体**，并非认识主观能够观察到的客体。康德的精神在此处被强力地激活了。然而，在康德那里，主体仅仅是理智实体，因而是无规定的；在黑格尔这里，主体如今是人伦实体，它在一切客观的姿态中表达自己，获得了充实的规定，是有具体规定者。

如此，黑格尔的精神哲学以**伦理学**开始，看似明显与黑格尔的体系不含 Ethik（伦理学）的普遍看法背道而驰。但是，如果伦理学发展为精神哲学，那么，伦理学就不该是精神哲学的一个部分，毋宁说，伦理学是精神哲学的核心实质（核实）。那么，伦理学也正应展开为精神哲学，因而不可能仅是主观道德意识之学的 Ethik（伦理学）。

从黑格尔的精神哲学的发展史来看，我们也能观察到这一事实。依照他最开始的《思辨哲学体系》的构思（1799—1802?），在他的体系中，有所谓"精神哲学"的第三部分，被表述为"人伦体系"（System der Sittlichkeit）[2]。这一构思未能公开发表，但几乎同时完成的论文《论自然法的科学研究方法》（*Über die wissenshaftlichen Behandlungsarten des naturrechts*）也主张了一种伦理学方法论，它的内容是绝对人伦的正确研究方法。仅通过进一步展开这些伦理学著作中体现出的思考，黑格尔就写成了他第一部主要作品《精神现象学》。当然，《精神现象学》也呈现出一些重大变化。在《论自然法的科学研究方法》中，人伦是精神最终和最高的体现；到了《精神现象学》，人伦把自己的最高位让给了宗教和绝对知识。在所谓"精神"的阶段中，《精神现象学》研究的正是人伦、教养和道德性三者，其中"精神"被规定为人伦的现实性。

106

那么，扩展精神哲学写成的《人伦体系》①又是怎样一部作品？我们可以说，尽管它是黑格尔明确提及 ethik（伦理学）的唯一著作，但它又是摹仿亚里士多德《政治学》的**社会哲学**，并非所谓 Ethik。但正因此以下事实就得以阐明：此人伦之学是我们所谓的**伦理学**。这本书仍被谢林的术语限制，十分生涩，若从日后黑格尔的完备体系来评判，仍显杂乱无章。但是，我们仍能在此书中清晰地看出，黑格尔想要在人伦的理念中捕捉个人的、社会的人间整体性。

人伦体系欲认识绝对人伦的理念。所谓绝对人伦的理念，就是重新夺取绝对的实在性（含有差别的无差别）送回作为"统一"的自己之中，如此夺回的"统一"是含有差别的无差别即绝对整体性。所谓人伦就是**生命的整体性和本有的现实性**，含有存在的一切契机，使特殊与普遍，主观与客观合一。从普遍的契机来看，这一整体性是绝对的民族；从特殊的契机来看，则是个性的绝对合一。在"人伦的各阶段"所说的就是这样的步骤：从最抽象的、个别性的契机出发，综合各种各样的限定，又达到最为具体的整体性。换言之，人伦将人间的存在结构反映为思维的辩证法式发展，并理解为从抽象的普遍经过特殊到达具体的普遍的进程。

---

① 中文一般译 System der Sittlichkeit 为《伦理体系》，此处由于和辻区分出"伦理"（ethik），并且在翻译德语 Sittlichkeit 时，取汉字"人伦"，并且与康德的 Sittlichkeit（道德学）区分开来（参本书第 87 页）。综上，译本也遵从和辻的汉字用法，将 System der Sittlichkeit 一书译为《人伦体系》。

因此,黑格尔与亚里士多德在出发点所做的基本相同。黑格尔抽出个人的立场,把个别性当作原理,进而研究个别者内部的差别与无差别、普遍与特殊。在第一阶段之中,绝对人伦显现为**自然**,人伦的普遍契机即民族就隐藏在其内部;现于表面的反而是多样的实在、个别性或**个别的人**。从鲜活整体来看,个别者不过是抽象性的一面。如何在个别者之内恢复本来的整体性是第一阶段的问题。站在个别者的立场,"民族"一类普遍不过是形式的抽象。但是,只要个别者也是鲜活整体性的一个方面,那么,普遍就隐藏在他之内。因此,普遍是以一种矛盾的形式显现出来的,它既是在个别者之上浮动的抽象普遍,又是个别者的内在之光。这类普遍是**冲动**,驱赶个别者即主观走向普遍者即客观。在个别的立场中,整体性以冲动的形式得到恢复,此处特殊与普遍的统一被规定为不完全的合一即"关系"。因此,自然人伦也可表达为"关系形成的绝对人伦",它是从最为个别的欲望向极端共同的家庭之展开。通过个别主观事物向普遍客观事物的转化,达到两者的综合的三段论。黑格尔借由三段论的推演展开了论述:

(A) 实践的情感即投身于完全个别或主观之中的普遍,或是作为客观的情感,展开为三个阶段。

(一) 实践情感的自在(即自)阶段即主观情感。它是完全个别的,被区分为主观与客观。这种分离的情感就是**欲望**,是绝对的个别性。通过这一区分,内与外的区分就产生了,人的情感规定外物为食物、饮料等,劳动是对这种分离的否定,更进一步，对**劳动**的否定即被加工的客观否定，通过此客观否定达成的主观与客观的同一是**享乐**。

（二）实践情感的自为（对自）阶段，也就是客观情感。在此特殊的契机之中，它被看成一个整体。此处有着从主观向客观的转移，劳动就成了**所有物**。也就是说，劳动被包容（包摄）在客观之内，成为物化劳动（物として労働）。我们在**植物**、**动物**及**理智**（或者人）的三段论中体会这种包容劳动的鲜活客观。最后阶段的"人"对于他者而言是客观，同样，他者对我也是客观。人是主观的同时又是客观的，若我们将人看作一个整体，那么，在他之中就存在三个契机。从无差别的角度来看是男女**两性**、从他者观察自己的**爱**，从差别的侧面来看是**亲子**，更进一步，就有他们的综合，即相互作用及人的陶冶。

（三）实践情感的既自在又自为的阶段，即作为主观的情感与作为客观的情感之综合。它可以分为孩子、道具、话语（はなし）三个小阶段。（甲）**孩子**就是上文所谓主客观的综合，展现为主观或展现为个人的自然情感。在孩子身上，两性的差别完全消失，两者变为绝对统一。因而，孩子是男女两性整体性的情感，它是个人的、实在的鲜活实体。（乙）**道具**乃是上述综合显现为客观，其实体是已死的物质。从被劳动主体使用的侧面来看，它是主观的，从它面向劳动对象的侧面来看，它又是客观的。因此，在道具中，主观塑造了自己与客观的中间地带，这便是劳动的实在合理性。因此，在道具中，劳动的主观性被普遍提升，形成了"道具"这一"物"（道具という物になる)。因此,道具比劳动和对劳动产物的享乐都要高等,甚至有自然民族实行对道具的崇拜。(丙)**话语**是前两者的整体性。它既是理性的道具,又是理智者的孩子。一方面,它在理智的个体之中,是主观的;另一方面,在物体特性中,它又是客观的、普遍的。在这里,实践的情感获得了最高的具体性。但是,话语自身在其内部又可进行三段论展开。(a)在主观来说,话语是**举止**(身ぶり)。在这里,主观或者实体仅以客观的形式展现自身。(b)在客观来说,话语是**物体符号**(物体のな記号)。在这里,话语成为物体,是外在的物质。(c)上述两者的合一是**有声的话语**。它是语言,是理智的合理性结合。在这里,抽象的客观性获得了个别性,普遍的语言则表达出特殊的主体,这便是绝对个别性的物体化。因此,在这里,话语的物体性就表达为在个体之内被总结的整体性。语言是实践情感开出的最美的花朵。

(B) 理智。尽管在实践情感之中,个别是支配者,但到了这里,普遍成了支配者,个别特殊被规定为观念性事物。仍可展开为三个阶段。

(一)普遍者既支配个别者,又只与此个别者发生关系。这就是**劳动**与**所有物**的纯实践的、实在的和机械的关系。(甲)通过它,背负普遍者的特殊者成为观念性的。观念性就是对普遍者的分割:劳动被分割为**个别的劳动**。因为它是不含有多样的普遍,所以也是机械的。至此,道具转变为**机械**。(乙)主观及其劳动一旦被限定,劳动的产物也要被限定。也

111

就是说，它成为个别的产物。因此，所有物就失去主观的实践情感的意义，而转化为**剩余**（過冗）。剩余并不与特定个人的欲望相关，反而与普遍性使用的可能性相关，它与使用的关系乃是普遍的。（丙）作为所有者的主观一旦成为普遍性的，就成为被承认的所有者。因为承认是在与其他个别者的关系之中承认此主观是个别所有的。因此，所有物是被承认的所有物，是被视作正当的所有物，也就是**财产**。将财产之中的普遍性抽象出来，就有了 Recht（法或权利）。

（二）通过剩余劳动与财产，个人的关系（即为了自己使用的劳动以及破坏自己之劳动的享乐）被扬弃，劳动与所有物变得普遍起来。在这里，作为普遍者的法便开始发挥作用。法在物的反映就是此物与彼物的同等，也就是平等。以平等的形式在被限定之物中反映出来的法就是**价值**。价值是观念的尺度，观念的尺度现实化，被称为**价格**。因此，首先（甲）**交换**成为可能。在交换之中，我们首次让个人的欲望与平等产生关系，从而，它意味着相互承认对方的财产。（乙）交换并不在当下进行，仅限可能性或者自由，在这种情况下，物仅仅被看作价值。（丙）可能性与现实性的综合是**契约**。在这里，交换既是观念性的，又必然是确证无疑的。交换被看作等同于已经被进行过的交换，物权则业已被转移给他者。（丁）为了将观念性的权利的推移看作真正必然，此转移必然有绝对的实在性。因而，含有现时实现之契机的普遍性或观念性必然存在。这是使得契约成为可能的根底之"精神"。但是，在这一阶段,我们还不能处理它。

（三）前两者的无差别。在这里,交换或对所有物承认的关系构成整体性,同时也是冲动的最高阶段,是在个别性的立场之中普遍的最高显现。（甲）特殊与普遍的不完全合一,即**关系**。一旦我们假定,剩余在无差别内变得普遍,即假定它为一切欲望的可能性,那么,剩余就成了**货币**。劳动生产出剩余,它机械式地、划一地与普遍交换的可能性发生关系。因为货币是可能性的抽象,所以它成了一切物品的媒介,故此,此媒介被假定为**商业**之活动,成为剩余与剩余之间的交换。（乙）在个别性的阶段中,**个人**是整体性拥有的普遍性,是一切规定的无差别。若我们首先从其无差别的契机那里来看,则（a）它是形式上的**鲜活者**。之前个物的所有者此处成为一整体,独立成为有者(有る者)。个人并不拥有生命,而是与生命统一。生命(das Leben)就是个别者最高程度的无差别。但是,其自身仍是不含个别性规定的空虚统一,并非由差别构成的整体性。因此,在这个阶段,个人是绝对主观。一般称绝对抽象的个人为人格(Person)。以差别的契机观之,则(b)在此成立的是鲜活个人对鲜活个人的关系。但是,生命的力量是不平等的。一边是无差别、不被限定的生命即自由;另一边是差别、被限定的生命即不自由,两者关系是**支配**与**隶属**。有个人的多数性的地方就存在着关系,在有关系的地方就有支配与隶属。而关系正是在个别性的立场之中的关系,所以,隶属完全是对个别者的服从,不是对绝对普遍者的服从。此处所

113

114

谓服从,与属于人伦的支配服从的关系有着显要区别。(c)一旦支配隶属的关系被无差别化,彼处就出现**家庭**,它是自然人伦之整体性。在家庭之中,上述所有特殊性都被合一,化为普遍者。即家庭是欲望、性关系与亲子关系的同一。说到欲望,在男女两性和孩子之间绝对的、自然的合一之中,人格与主观的对立消失,剩余不再是某一个人的财产,围绕财产的契约也不复存在。剩余与劳动与财产绝对是**共同态的**。在性关系之中,差别也同样消失。但这种无差别自身是特殊的,仅限于两个人之间的关系。这就是**婚姻**,相较契约,它立于更高的阶段。最后,孩子体现了家庭最高的整体性,是自然人伦阶段中的绝对者和永恒者(当然,在自然的阶段之中才是如此,并非真正的整体性)。

上文所说的是自然人伦即冲动的阶段,它在家庭中获得了最高的整体性。但是因为人伦总要逼近绝对整体性,所以它不得不进一步超越自然的阶段,这超越又通过否定来进行。原来,自然的阶段以个别性即差别为其原理。因而,此处出现的无差别不过是抽象形式罢了。但是,无差别即绝对整体性并不静止在(閉め出した)差别之中,反一定要将差别放进绝对的普遍性之内,也就是说,绝对整体性必然扬弃差别。故此,第一阶段原理是"否定差别",它得以超越第一阶段。并且,如果否定或破坏是纯粹否定的,那么差别保持为观念限定的同时,又实在地被破坏。换言之,实在性差别被强制转化为观念的差别(実在的な差別が観念的な差別に転化させられる）。这意味着否定被固定下来，因而意味着对立被固守下来。但真正的扬弃并不如此。绝对人伦把差别当作观念的限定（即当作对立）破坏，但又使差别的本质存留下来。也就是说，否定没有被固定下来、实在性差别在绝对者中达到合一。前者是否定的扬弃，后者是肯定的或绝对的扬弃。举例来说，前者是杀人，后者则是人伦的共同态。它们都废弃了个别或者作为主观的生物，杀人破坏了生物的客观性，我们设定它为"死亡"；与此相反，人伦则在破坏生物的主观性即观念性限定的同时，又把它激活为理智或人间的生命。

因此，上述的否定的扬弃就被揭示出来并表达为**第二阶段**"否定性事物，或自由，或犯罪"。否定或纯粹自由以客观性的扬弃为目标，将观念的规定或者否定性事物当作自己的本质。因而，它否定实在的规定，并固定这种否定。当然，也发生了对此否定的对抗作用。犯罪与复仇的正义绝对地被连结在一起，它在观念上的体现就是良心。

于是，此否定就从抽象向具体展开。（一）第一阶段是**自然的破坏**，并不朝向个别，它朝向普遍形成的事物，成吉思汗与帖木儿的劫掠即属此例，其对抗作用是**愤怒**。（二）第二阶段是对个别规定的破坏，朝向的是所有物。对所有物之承认的实在性的扬弃是**抢劫**或者**盗窃**，这也意味着人格的毁伤，其对抗作用乃是**强制**。（三）第三阶段的目标是上述两者之否定的整体性，这种整体性是生命或人格整体，**名誉**的毁损属于此类，产生全部人格对全部人格的**斗争**。于是，我们在**杀人**、复

116

仇和**战争**的三段论之中考察到否定的整体性。杀人是对人格整体的否定,但是,既然人是家庭的一员,那么,杀人就毁伤了家庭生命,家庭就要进行复仇。此外,杀人者也是家庭的一员,这样就引起家庭对家庭的斗争。在这种情况下,复仇的一方是正当的,但随着鲜活的团体变得越来越大(しかし生ける団体が大となるに従って),上述毁伤的含义就逐渐减少,进而权利也缩小了。双方的立场若变得平等,那么这类争斗就成为**战争**。其对抗作用乃是**和平**。

117　　　上述第二阶段以普遍为原理,但在普遍之中,从关系而来的自由即一个侧面被另一个侧面破坏的事件就成了地位最高者,如此否定并不属于人伦。因此,**第三阶段**在超越第一阶段的自然的同时,也不得不超越第二阶段的否定。它是一种人伦,作为绝对无差别激活了实在的差别。

　　在人伦之中,个人以永恒的方式存在(個人は永遠の仕方で存在する)。个人的、经验性的"有"与"行"是绝对普遍的。因为进行行为的并不是个人,而是在个人之中的普遍的绝对精神。与此同时,人伦的普遍侧面乃是**民族**,在民族之中,我们设定了多数个人聚集的关系。此关系将一切个人包容在普遍性之中,与不设定关系的聚集即绝对个别性的聚集不同。因而,它是绝对的无差别。在人伦之中,民族就是这种鲜活的无差别,它消灭一切自然的差别。因此,个人在一切人身上看到自己本身,达到"主观的客观性"。普遍者"精神"既在一切个人之内存在,又与一切个人相对而存在。这样,个人作为特殊的意识与普遍者绝对等同。这一普遍性即与特殊性达成绝对合一的普遍性是**民族的神性**。若我们在特殊性的观念形态之中直观普遍者，它便是**民族神**。

顺此契机考察上述人伦的鲜活整体性时，黑格尔将其静态看作国家的结构，将其动态把握为统治。按拉松（ラッソン）①遗稿对黑格尔的划分，黑格尔只处理了前者，但在其中已包含"作为静态体系的人伦"以及"统治"两部分。两者都是他**作为有机整体性的民族**的实在性契机的考察。

静态的人伦体系表明，作为个别性的扬弃，人伦乃是具体的普遍。如此普遍并非使自己与主观或个人的生命相**对立**的、形式上的普遍，反而是直接与特殊同一的**普遍**。因此，作为"鲜活的独立精神"，人伦既是绝对个人，显现为个别的成员；它又是绝对的普遍者。从而，显现为个人的、普遍性的各个部分也显现为目的。若不理解这一具体的普遍、囿于特殊与普遍分离的立场，那么，在此被思考的是对道德法的隶属——特殊者对普遍的隶属，也是"个别者的人伦"即德性，它是个人包容绝对人伦的情境，一般称之为"道德"。但它是人伦的现象形态，并非其本质。

因此，黑格尔在三个契机中考察作为具体普遍的人伦。（一）**绝对人伦**。这是一切德性的无差别，并非个别立场的人伦。因而，它并不显现为对祖国和民族的爱一类个别事物，反

① 古斯塔夫·拉松（Gustav Lasson，1862—1932），德国新教神学家，《黑格尔全集》的编者之一。

119 显现为在祖国之中的、对民族而言的绝对生活。这就是在民族之中的永恒，是属神的东西。它属于"绝对""存在"和"有"的范畴，不被任何事物覆盖，是直接示现的。因为此处个别性和差别已被扬弃，所以这种绝对生活是绝对的真理、是绝对的陶冶、是绝对的利他、是最高的自由和美，是没有苦难的净福。在其动态之中，绝对人伦表现自身为一切的德性，不停地变迁。在差别之中显现又扬弃差别的过程——这就是人伦的活动。

（二）**相对人伦**，这是与个别性相关，从而是与"关系"相关的人伦，因为它创造了法或权利，所以被规定作 Rechtschaffenheit（正直），权利在此处就是各个人保有其所有物。如此，人伦的整体性无非是个别者的经验存在。在这里，绝对人伦只是思想，因而，不存在"给鲜活整体性献上一切所有物或生命"这等事体，利他与牺牲被限定在极为狭小的范围内。

（三）**信任**（信赖）。它既在（一）的无差别，又在（二）的差别之中，然而没有自觉到两者中的任何一个，是粗野的人伦。但是，它在信任绝对人伦并委身其中的同时，又顺其自然，制

120 造出实用的东西，在不知晓权利的情况下持有财产。

在人伦的绝对整体性之中，以上三种形态必然具有同样的实在性。然则，黑格尔把这类实在性的表达把握为**身份**。绝对自由的人伦之身份，正直身份及自然人伦的身份即属此类。（一）在第一阶段，绝对身份以绝对人伦为原理，因为它表

达了民族的整体性,所以其工作也是普遍的,是统治或勇气的工作。从与其他身份的关系来看,它是财产和所有权的安全保障。(二)在第二阶段,正直身份在欲望或劳动、所有物、利润所得、财产等之内成立。在这里,因为差别被确定下来,所以在上述诸关系之中的统一只不过是"被思考的东西"(考えられたもの)而已。这种抽象的、无内容的力量逐渐成为个人的、实在的力量,与此同时,个人成为市民资产阶级。此处存在着普遍性的欲望的体系,人们失去了自由的个性。因而,在此身份中,既不存在德性,也不存在勇气。(三)第三阶段的自然人伦身份是农民阶级。此人伦是对绝对身份的信任,因其整体性而能拥有勇气之德。

静态的人伦体系被阐明为以上三个身份。然而,黑格尔提出**人伦的生命过程**这一"统治"的问题。统治者是与个人对立的普遍者,与此同时,它也是**包含**个人的整体性。在前者的情况下,它被称作普遍的统治;在后者的情况下,它被称作绝对的统治。

(一)所谓绝对的统治并非绝对人伦的实在性的第一身份,而是扬弃了这种身份的**祭司**和**长老**的统治,长老和祭司是绝对整体性的肉体化。因而这一统治也是**绝对整体性的统治**,或是民族中的神性统治。因它以身份之区分为其前提,所以与形式的、空虚的普遍者统治相异。绝对的统治是属神的,它自身已被赋予权威,并不被创造出来。

(二)普遍统治应对现实的统治。绝对统治是不变的,与

121

此相对,普遍统治与运动相关联,因而,在历史和民族的层面产生差异。因为所谓**整体的运动**,就是普遍与特殊在不断地分离的同时,特殊又逐渐被包容在普遍之下的过程。因此,包容即统治就被这不断的分离限定。而上述分离与包容的运动无非是三个契机的统一:一是与特殊对立的普遍,二是对形式普遍性的观念性包容,三是对具体普遍性的实在性包容。与此相应,在整体性之中,运动的体系也被分为三种:一是绝对的同一性即普遍作为情感被隐藏在内的情况,即**欲望的体系**;二是特殊者乃实在,普遍者乃形式的情况,即**正义的体系**;三是普遍者乃绝对的,又把特殊者完全放到自己内部的情况,即**训练的体系**。欲望的体系处理经济生活层面的统治。在这里,统治者显现为无意识的盲目欲望及其充足方法的整体(無意識の盲目的な欲望及びその充足の仕方の全体として現れる)。对于此整体,个人的欲望和劳动做不了什么,只是通过它,个人的欲望和劳动得以整肃,经济组织在此成立。正义的体系是司法统治。在个人的欲望被承认、个人的所有物被承认为正当的同时,一切自我都成了法的主体。若从自我聚集的整体出发,使其"量"抽象化,此处便有公权力,司法是此权力被自觉到的状态。因此,司法的统治是一切法的整体,对司法的统治来说,个人是完全无差别的普遍人格。于是,它的组织原理是自由,意味着统治者自身就是被统治者,一旦被机械地建构起来,它便成为法庭(裁判所)的组织。最后,在训练的体系之中,绝对普遍者限定个人。这就是教育、陶冶、训练、殖民等等统治。在真理之中的教养和陶冶不外乎是形成自己、与自己对话、自觉到自己的民族,训练显现为普遍的习俗与秩序,殖民则是一民族生产其他民族。

在上文中,我们碎片化地介绍了相对于绝对统治和普遍统治的第三种"自由统治"。自由统治的可能形态是民主制、贵族制和君主制。君主制是人伦的实在性在个人身上被表达出来;贵族制是人伦的实在性在多数个人那里被表达出来;而民主制则是人伦的实在性在一切个人身上被表达出来。

以上是《人伦体系》的内容,一目了然,这本书分析了人间的存在结构。诚然,它不是像后来的《法哲学原理》那般完备的著作。但是,在这本书中,有一个贯穿全篇的意图:黑格尔想要从**个别和普遍的统一**之中把握人间存在。尤其应该注意黑格尔思维方法的特征,这就是说,个别与普遍的统一一方面意味着个人与社会的关系,另一方面意味着主体与客体的关系。尤其在冲动的阶段之中,这本书最为明确地叙述了主体通过客观化实现自己的过程。然而,即便站在个别者立场思考,黑格尔也没有使个人相对于社会的关系抽象化,仅在个人意识之中把这种关系看作主观与客观的关系。冲动把主观驱赶向客观,同时又把个人驱赶向社会。本质上,被抽象地设定为"个人"的乃是鲜活整体性,因此,具体而言,被我们当作个人的欲望与劳动来处理的乃是**在社会之中的**个人的欲望和劳动。因此,站在劳动的立场便能够研究财产与货币,最终甚至能研究家庭这等问题。这样看来,应如此理解在人伦体系之

123

中展开的一切契机：**它是具体的人间存在的各自契机**，换言之，它是那种应不断把最终到达的具体普遍当作前提去被理解的东西。

我们认为，在《自然法的科学研究方法》一文中，黑格尔本人就已力陈这一事实。这篇论文首先驳斥了以霍布斯和洛克为代表的经验论方法，随后批判了康德—费希特式的形式主义方法，最后阐述他自己的绝对人伦之学的方法。这正好对应了人伦体系的三个部分，展现了个别的立场、抽象普遍的立场以及具体普遍的立场。黑格尔的立场是把个别或者抽象普遍当作具体普遍的契机来处理。

可以像这样复述出霍布斯的问题："如何从物理自然中导出人伦自然"？或者，"自然状态下没有任何联系的原子式个人如何达到统一和有秩序的状态"？黑格尔批评了围绕这一问题的霍布斯式解答，黑格尔说，经验论将恣意偶然从经验事实之中排除，它欲达到最低限度的必然（最少の必然のなものに達しようとする）。从根源的统一出发，经验论欲说明一切。根源的统一即混沌，在人伦的场合之中，它被看作**自然状态**。在经验中被给与的、法的状态之中除去一切恣意偶然，这就是说，将历史、教养或属于国家的一切当作既往的特殊习俗去除，仅仅留下绝对必然——若是如此，赤裸裸的、在自然状态之中的"人"即抽象人就在此成立，这是一种原子式的个人。但是，抽象并未达到绝对否定的统一，伴随着对特殊或相互对立之多数的消除，各式各样的规定又被留存下来。原子式的个人不拥有相互之间的统一,反而拥有人的各种各样的欲望。从而,他们陷入绝对性的抗争,此抗争是人伦的潜能(エネルギー)。为了躲避抗争带来的弊害,相对抗的个人就不得不达成一致。此处形成的乃是对个人而言的外部整体性,这便是所谓的社会或国家。至此,自然状态或原子式的个人和与个人相对立的国家,都作为各自的特殊形态**被固定下来**。在国家之中,个人失去了自然状态的自由与权利,国家需要废弃人伦自然,这便是经验论的结果。然而,如此思考首先在自然状态的抽象环节就是错误的。在经验论中,不存在"何谓偶然"和"何谓必然"的标准。因而,寻找能说明其他一切的根源统一即寻找先验事物(アプリオリなるもの)时所使用的原理,实际上是后验(ポステリオリ)的。其次,与此相关联,自然状态的抽象排斥属于国家的事物。因而,自然个人与人造的国家相互排斥,被固定在对立的位置上,这无非是个人与社会都被抽象化和非真实化。绝对人伦把上述两者当作同一,包含在它自身之内。因而,国家本身就是绝对的人伦自然,它必然是自然个人的本质。如果我们与霍布斯一样认为,为了国家即人伦的关系能够实际存在,就不得不废弃人伦自然,那么,如此"自然"本就不属于人伦,因而也不能是人伦的根源。并且,这样的国家也不可能是有机整体性。

　黑格尔的批判一方面是对经验论立场的批评,另一方面也是对个人主义人间观的批评。不把人间存在把握为个人和社会的具体统一,就完全陷这一立场于抽象之中。此处,黑格

126

尔所主张的是基于主观的绝对性的幸福论,形成的乃是尤其在自然法中"反社会主义的"(*S. W.*, I, 343.)、把个人的"有"当作最先和最高的体系。

那么,康德或费希特形式主义的立场又如何呢?在这里,上述抽象可以更进一步推进到纯粹抽象。因为特殊与普遍的对立在此处被推到了极端,使得多样的"有"与**作为多样性之否定的纯粹统一**实在性地对立。如此,普遍化为不含差别的无差别者,化为抽象的普遍。

上文提及,黑格尔激活了康德人间之学的最深处的核心。
127 这是因为,黑格尔认为康德的理论将人把握为差别—无差别的,经验—理智的两面之统一。如果仅在两面的**严格区别**(峻别)中承认康德哲学的特征,那么,黑格尔恰恰要排斥这一特征。因为一方面有非理性的多种多样的实在即自然,另一方面有作为纯粹统一的理性,若要使两者对立起来,就是将这两者都化为没有本质的抽象。黑格尔说了下面的话(I, 360.):承认法与义务的本质(即纯粹统一、无差别)与去思考和去意欲的主观(即多数性、差别)两者间绝对地合一(絶対的に一),这正是德或费希特哲学伟大的一面。然而,他们两人都没有忠实地坚守这一立场,反而绝对地设定了两者的**分离**。从而,作为两者之统一的绝对者只是**消极的绝对者**,是被抽象化的。与此同时,被分离的两者也化为单纯的可能性。在此,作为从差别的主观抽离的、作为特殊者的法与义务,或从法与义务抽离得来的差别主观都可能存在,同时两者的结合也是可能的。它与法结合则产生**合法性**；与义务结合则产生**道德性**。如此，如果人伦被分为合法性与道德性，并且，两者都不过是单纯的可能性的话，那么，我们就错失了具体的普遍即真正的人伦。

虽然黑格尔对康德把目标放在差别与无差别之统一的做法表示敬意，但他仍非难康德固执于两者的分离。康德的实践理性（如上文所示，尽管占据上风的主张乃是以统一为目标）存在于实在的、非理性的事物**之外**，并被设定为与后者对立。被称作"感性"或"倾向性"的这类实在（多）不与理性（纯粹统一）一致（一与多的对立）。于是，理性自发地限制感性（统一的优先），如此立场完全是关系的立场而非绝对的立场。但是，人伦是绝对的，因而，实践理性的立场不是人伦的立场。如果像康德那样，把实践理性的本质当作纯粹统一，那么，不仅人伦体系无法被说明，甚至法则都不能是多数的。个人意志的准则（格率）拥有被限定的内容，但实践理性的法则仅将此内容抬高到纯粹统一的形式，尚未自发地拥有内容，这等抽象普遍性丝毫不能变更其内容。因而，纯粹实践理性的立法这等自律能力，实际不过是"财产是财产"一类同义反复的产物，实践理性完全不涉及财产一类事物的人伦意义。

上述对形式主义的批判显然含有两个契机：一是非难无差别的整体性与差别的个人之分离；二是非难在观念中可能的抽象普遍性与现实中经验的自然多样性之分离。所谓道德律、普遍自由和普遍意志等诸多概念，与所谓主观、个别的自

128

129

由和个别的意志的概念之间的对立关系，一定要像上文所说的那样，同时从两面扬弃。黑格尔所谓"人伦"，就是在这两面中作为**差别性限定的无差别的**一个整体（差别の限定の無差別たる一つの全体）。①(Ⅰ，375.)在彼处，可能性与现实性并不分离，反是绝对的现存（现在）；人伦的普遍性不单是抽象法则，而且它还在历史现实之中实现自身，所谓"实现"，指的是人伦在自然历史的各种千差万别的样相中显现自身。但是，这样的一种显现不仅意味着人伦的普遍性在千差万别的自然中使自身客体化，同时也意味着人伦的普遍性在有差别的个人之中显现出来。在形式主义之中，自由毁灭了个别性，普遍意志的自由仅在个人身上表现为"当为"或"强制"。也就是说，个人自由即具体自由于此无法立稳。这些现象都基于普遍性与个性的对立。人伦是差别的个人之无差别，因此，具有差别的个人也是人伦整体性的一个成员。所谓单纯的"个人"乃是抽象，个人是具有差别的，也是与**外人**发生关系的。在这一判断中，向外性（外面性）自身是无差别的，是鲜活的关系。在这向外性之中形成**组织**（組織），因为唯有在组织之中才有整体性，所以，人伦积极的一面与组织一道成立。(Ⅰ，360.)至此，个人的自由方才成立。

130　　黑格尔排斥了抽象个人的立场和抽象普遍的立场，他只

---

　　①　和辻在这里所指似乎是黑格尔在《精神现象学》中提出的"无差别的差别（的结构）"。参见吴晓明：《论黑格尔的哲学遗产》，载《学习与探索》2019 年第 10 期，第 1—15 页。

想把它们展示为绝对人伦的契机。若实在的绝对人伦在自身之中把抽象普遍和抽象个别合而为一,则绝对人伦**直接是个别者的人伦**,个别者人伦的**本质**正是实在的,从而是**普遍绝对的**。也就是说,个别者的人伦是整个体系的脉搏,也是整个体系本身。(I,396.)在这里,黑格尔诉诸语言(言葉に訴えている),说绝对人伦是本性上的普遍者或习俗(Sitte,ēthos),表达"人伦"之意的希腊语和德语都很好地表达了其本性。因此,在表达"普遍"意思的词语之力量推动下,为了表达个人的立场,以"孤立个人"为原理,近代的人伦体系取用 Moralität一词来表达"人伦"的含义。语源学地看,此词的意思是"习俗",然而,因着它本就是特意造出的词,毋宁说,被错赋的意义反不会让人感到太多不和谐(その間違った意味づけがさほどのきしみを感じさせないのである)。黑格尔严格区分 Sittlichkeit(人伦)与 Moralität(个人的道德意识)的理由便存在于此。他之所以固执于"人伦"一词,是为表示他的整体性立场。

　　然而,绝对人伦若在本质上是普遍者,那么普遍者在个别者身上反映出来,又是如何可能的呢? 黑格尔借由"否定"进行论述。在个别者身上反映出来的人伦是带有否定性质者即消极者。这首先意味着,黑格尔设定了先于否定存在的积极事物即**作为民族的绝对人伦的整体性**;其次意味着,黑格尔以否定形式假定了个人的德性为普遍精神之可能性。

　　此处黑格尔所谓的"民族"概念相当于亚里士多德所使用的"城邦"(ポリス)。他引用亚里士多德《政治学》的著名段落,并作了如此的翻译:"**民族**在本性上优先于个别者。因为,若个别者被迫孤立,他并非独立者,从而与一切其他部分相同,一定要与整体形成一种统一。不能在共同态中存有者(共同態的に有り得ぬもの),或因其独立性一无所缺者,并非**民族**的部分,他或是一只野兽,或是一位神祇。"① 黑格尔把**民族**看作人伦整体性和积极者,只要人伦是民族的纯粹精神,它就是个人的灵魂;只要它是个人的灵魂,就会在个人之中表达出来,因此,民族完全先于个人存在。

绝对人伦的整体性在个人之中表达自己,这就是整体性限定自己即它否定自己,此处整体性是一种**可能性**。因此,属于个人的人伦特质,例如勇气、节制、勤俭、宽容等,都是否定的即消极的人伦。当尚未在个别者的特殊性之中被真正固定下来并被当作实在的抽象时,个别性作为普遍人伦的可能性消极地显示出整体。换言之,借由**非**普遍人伦的形式,个人的人伦显示出普遍人伦。

个人的人伦性质即德性就被规定为如此否定形态的人伦。也就是说,绝对人伦在个别者身上反映出来,而个别者又是否定性的。此种德性是道德学(Moral)的对象。但是,道德这个词语通常被用在固定个别性的孤立个人立场(個別性を固定した孤立的個人の立場)。黑格尔将它称作资产阶级的或私人的人伦,并试图给它安上 Moralität 之名。因而,如果

---

① 此段为本书译者所译,此处明显化用了本书第 52 页所引《政治学》之段落。

把"道德学"(Moral)一词限定在上述 Moralität 之学,那么,为了论述上述所谓的"德性",就应取用 Ethik 一词充当这类 Moral 的名字。从两者的区别来看,Ethik 是消极的人伦学,或是与全体无差别的、个人的人伦之学,而 Moral 是固执于所有权和财产,欠缺勇气的资产阶级人伦之学。

至此,与 Moral 和 Ethik 相对的自然法学(Naturrecht)的领域之界限也逐渐得到明确界定。自然法学并非资产阶级的私人人伦或个人的人伦之学,反而是实在的绝对的人伦之学。它不得不形成这样一个问题:**人伦自然(Sittliche Natur)如何到达真实之法(Recht)**?道德学与自然法学的关系与康德或费希特对此的论断恰好相反:人伦之学的最根本乃是自然法学,因而是法哲学,道德学仅促成了法哲学的一个内部契机。

依此立场,黑格尔限制了所谓 Ethik,只扩大了法哲学。因此,他的法哲学不是单纯的法律哲学,而完全是**人伦之学**,完全囊括了狭义的法律哲学、道德哲学和经济哲学等等。我们看到,在《人伦体系》中,人伦之学的目标是在根本上处理人间的存在结构。在自然法的论文中,绝对人伦的开化(開明)在根本上讲的也是同一个问题。绝对人伦将自己组织为一种形态(Gestalt)。这一人伦组织,即人伦整体性,就是城邦意义上的民族。人伦整体性作为 Gestalt,把关系完全塞到无差别自身之中。在 Gestalt 之中,关系一方面逐渐失去差别,另一方面又不取消其作为关系的特性。在关系中,有这么两种情况:要么差别或实在起支配作用;要么统一或观念起支配作

133

用。与此相对应，它们分别构成了实在的、实践的领域（在学

134 科之中则是经济学的领域）和法律的领域，绝对者或人伦的地
位高于两者。于是，在整体性的体系中，它们构成各自的"身
份"。自由者的身份是绝对人伦的个人，他完全为了整体、在
整体之中过公开生活。不自由者的身份是实践以及法律领域
的实在性，此处**私人的**目的和**私人的**兴趣起到支配作用，这两
种身份是整体的组成部分，缺一不可。罗马的衰颓意味着自
由者的身份业已死亡，只剩下不自由者的身份；也意味着只留
下私人生活。公开的人伦和私人的人伦共生共长，毋庸赘言，
这一人伦组织展示出对人间存在结构的一种诠释。

在《人伦哲学》①中，黑格尔主张，正应如此来看待上述的
人伦组织。于是，他在方法论层面揭示了一个重大需求。因
为，在人伦的统一中，个别的限定不能被固定下来，所以，人伦
的统一既是绝对的统一，又是鲜活的统一。在整体性之中，个
别的限定是不断被打倒和废弃的。因为，每一限定的内在生
命是整体性，不可分割，所以，一定会出现某一限定被其他限
定破坏，或后者完全转移到前者、导致后者自身被破坏之类的
运动。通过这一运动，整体自身的一切都被扬弃，逐渐归于绝

135 对静止。人伦哲学一定要捕捉这样的鲜活整体。实证的法学

---

① 实际上黑格尔除《人伦体系》之外，没有另一部叫作《人伦哲学》的专著，
从后文的论述来看，此处论述的似乎是《黑格尔著作集》理论版第十卷《哲学全书》
（第三部《精神哲学》）的 C 部分即"伦理"部分，§513—535。参张世英主编：《黑
格尔辞典》，吉林人民出版社 1991 年版，第 883 页。

便没有这种方法论自觉，它站在一种抽象的立场之上，从整体中抽出限定（它不过是整体的一个契机而已），又认定这种限定是独立的、实在的。但是，整体的一部分被组织起来，最终到了支配全体的地步，死亡就开始了。我们可以说，把处置所有权与财产的资产阶级法律体系及其原理看作支配人伦一切领域的法律体系，这类看法与认为道德原理约束人伦体系的看法类似，完全丧失了人伦组织的理念。

在采用上述方法时，需牢记人伦组织首先是**个性**和**形态**。在鲜活整体性之中，哪怕每一限定不是固定的，人伦也会把如此特殊限定包含到自己之内。它的这一面是在个性和形态之中被组织起来的、非有机的性质，因而是必然性。例如某一民族的某种风土、文化史上某个确定的时代，皆可归于此必然性。在必然性的长长锁链之中，只有其中一环与民族的现状相联系，它也组织起人伦的个性。换言之，民族的人伦生命存在于对**形态**的拥有之中。在此形态内部，存在着一种**特殊限定**，它既与普遍性绝对地合一，又借由普遍性赋予自身生命。在一切形态之内，世界精神都感知自己，在所有民族、所有习俗法律的整体之中，它都找到自己的本质。这一点对人伦哲学来说至关重要。只有从上述**整体者的个性和从民族特定的某种特性出发**，绝对的整体性组织起自身的整个体系才能被认识。然而，此个性并没有被固定下来，反而不断发展和转变。因为**鲜活的习俗**是一种整体性，显现为差别的限定，所以它是不断成长的——法律的鲜活根底不外乎是此类习俗。但

136

是,一旦特定阶段的习俗被给与了法律的形式,它就被固定下来并绝对化。在这里,习俗与法律的分离和不一致就开始了。如果这种分离和不一致变得激烈,就会产生对实在法①的废弃。如果着眼于个别性的发展,那么人伦哲学也认识到绝对精神与其形态的不一致。所谓个性、形态也总是相对的。那么,**绝对形态**如何被认识? 世界主义(コスモポリタニズム)②不过是无形态性罢了。在不堕入无形态空虚的前提下,为绝对人伦之理念找出最美丽的形态——这就是人伦哲学的终极任务。黑格尔于此提出精神的自我直观,因绝对理念自身就是直观,故它在构成理念的同时,也直接规定了最纯粹自由的个性。在此个性中,精神完全客观地在此形态中直观自己本身,也将此直观本身直接认作它自己本身。正因为如此,它才是**绝对精神**,是**完整的人伦**。

不像之后的体系之中,上文所介绍的人伦哲学尚且不是"精神哲学",而是"伦理学"。我们可以借由以下几个事实来知道这一点:精神的概念自身仍在发展的中途;"人伦"与"精神"几乎被用作同义词;"绝对精神"并未超越人伦的阶段,反是完整的人伦,等等。此处的主要问题是推动人伦组织的有差别和无差别结构的开化(開明)。但是,作为"哲学",人伦哲

137

---

① 实在法(実定法),拉丁语作 ius positivum,德语作 positives Recht,指的是人为立法,与自然法相对。

② 世界主义(Cosmopolitanism)指的是不借助共同体、民族、国家等,诸个人直接结合为世界。世界主义思潮起源于古希腊,通过中世纪基督教流传至康德等德国古典哲学家。

学与绝对人伦的认识息息相关。绝对者在差别的限定之中实现并显示自己，在实现和显示之中，它也使得自己被认识。然而，正因它是绝对者，所以认识不会是**绝对者的自我认识以外的其他什么**。于是，与"认识"的问题一道，"精神"也超越了人伦，逐渐占据优势地位。伴随着"精神的概念"，黑格尔的全新立场也逐渐明晰。

《精神现象学》是这一全新立场首次闪烁耀眼光芒的结晶。在《人伦体系》中，绝对者**实践地**实现自己，它是人伦组织。现在，绝对者走上自我认识之路，通过意识的诸阶段，到达绝对知识。因此，即便有人认为它是认识论，也并非无稽之谈。只是，此处的认识并不是"我们"的认识而是精神自身的认识，因而，认识论也成了绝对认识的理论。从而，在此奠定基础的经验并不只有理论对象界的经验，也包含人伦与宗教世界的经验，此经验的主体也成了认识绝对整体性的主体，即知晓自己的绝对精神。这样，《精神现象学》就从被极端限制的自我认识出发，渐次突破局限，最终达到绝对认识。黑格尔如此论述此认识的发展：（A）意识—（B）自我意识—（C）（a）理性—（b）精神—（c）宗教—（d）绝对知识。《人伦体系》涉及的内容正好在发展阶段的正中央，被重新塑形为自我意识、理性及精神。

先不论这一体系性处理方法的差异，若我们仅把视野限定在人伦实现的诸阶段，那么，在根本上《精神现象学》对"人伦"的论述与前述两篇论文没有太大变化。首先，在自我意识的阶段之中,黑格尔的着力点是"自我意识",它不只是"自我的意识",也是对立统一的自我意识,即我们之中的我,我之中的我们。自我意识就是从"作为他者而有"(他者としてあること)的事实出发返回自己的运动。当他者是对象时,它就变为**欲望**。他者也是自我意识,只有在其他自我意识之中,自我意识才能得到满足。自我意识的双重化、在此双重化之中的统一——这便是自我意识的真相。在此,我们可以看到,"自他不二"的根本关系被捕捉为自我意识。之所以存在着与自我意识相对的其他自我意识,乃是因着自我意识**站到了自我之外**。这一事实又具双重含义:第一,自我意识找寻到了作为他者的自我,因此失去自己本身;第二,然而,因为在他者处看到自己本身,所以,它废弃了他者并回到自己本身,那么,它不得不丢弃它那站到自己之外的、在他者之中的"有"本身。因此,废弃上述双重含义又产生了第二种双重含义。首先,为了自己本身成为确实的,就不得不废弃独立的他者。其次,然而,他者也是自己本身,于是它就废弃了自己本身,树立他者作为他者,这是通过**站到自己之外回到自己本身**的双重含义。换言之,因为自我与他者的同一在两者的分离之中显示出来,所以在扬弃自我与他者的过程中,两者都被激活。如此,自我意识在与其他自我意识的关系中的运动便是**行为**。所以,行为既是自己的行为,也是他者的行为,仅单方面的行为是无意义的。如此这般,自我意识被理解为行为性的自我—他者关系,尽管这种理解说出了意识的发展阶段,但像在人伦哲学那般,它表示此处的问题乃是人间的根本结构。在《人伦体系》中,支配隶属的关系是个人对个人的关系,它被放在自然人伦的高级阶段,在此处反被当作自我意识的展开。通常认为,后者是对前者的显著发展。这既是因为,在支配隶属关系中,黑格尔陈述了自我意识的辩证法,主从向其对立面转化;也是因为,此辩证法业已了解他者处的自己的相互承认过程。

140

　　紧接着自我意识出现了理性阶段。在该阶段中,首先有静观理性,它是第一阶段对象意识的运动在范畴之中不断循环往复。接着是第二阶段,**活动理性**再次通过此阶段之自我意识的双重运动。黑格尔称后者为"理性自我意识通过自己本身的实现"。黑格尔在上文中说到,在"自他不二"之中,激活自我和他者的是相互承认的过程,它是自我意识的运动,其实现就是"人伦国家"①。因为,所谓"人伦"是在诸个人独立的现实性之中,诸个人之本质的、绝对精神的统一。至此,黑格尔论述的"活动理性之目标"便与上述两论文所谓的"绝对人伦"相一致。在**民族**的生活之中,"自我意识的理性实现"这一概念拥有被完成的实在性。此处的理性既是普遍的实体,同时也是完全独立的个别实体,因而,个人通过牺牲其个别性,或通过将普遍的实体当作他的本质,来自觉到他是个别独立者。这里提到的普遍者是作为个别者的行为或工作。个人的行为与个别的欲望相关联,同时也有现实性,之所以如此,

---

　　① 中文一般译为"伦理国家"。

乃是借助了整个民族的力量。个人为了自己的欲望所做的劳
动在满足了自己的欲望的同时，也满足了他者的欲望；自己的
欲望能够满足，也是依靠他者的劳动。因而，此处没有什么不
是相互的，就好像独立之"有"的消解和自己本身的**否定**没有
直接造就独立之"有"的肯定性含义那样，在这里，他们也没有
此类个人的独立性。这类"对他者的有"（他者に対して有る
こと）与"对自己的有"（己れに対して有ること）的统一即普
遍实体表达为民族的习俗和法律，它们正是个别的个性自身
之表达。法律表达个人的"有"与"行"，个人在法律之中认识
自己本身。所有的这些，都是在"自他不二"中实现了对自我
和他者的激活。因此，黑格尔认为，理性在自由的民族中被实
现了。这理性是现存的鲜活的理性，在这里，个人获得了它的
规定，也就是获得了**既普遍又个别的本质**。正因如此，也可以
说"德性就是顺从民族习俗生活"。但是，自我意识也从上述
实现的幸福中**站出来**或**尚在达到它的中途**。因此，作为活动
理性的阶段，我们在快乐（世界享乐）、心的法则（世界改善）、
德性（世界争斗）三者之中研究追求幸福的道路。

　　然而，它们①尚未能够实现理性的自我意识。毋宁说正
好相反，它们经验了必然现实的世界过程中不可颠覆的力量，
被它打败。至此，有待实现的普遍实体反而在其否定态即**自**
足的个人立场中显现。它将黑格尔业已说明的霍布斯式孤立

---

① 似乎指的是前文的"快乐、心的法则、德性"三者。

个人的立场、康德—费希特式的立法理性和法理检察的理性（法则检察的理性）等视为问题。结果，在理性阶段无法到达人伦国家，它把理性自身视作目标。

至此，从理性与世界同一的自觉出发，就出现了**精神**的阶段。在这里，曾经的绝对人伦是一种精神，是此前的意识之诸阶段的成果。此精神是人伦实体，同时也是**人伦的现实性**。之所以这么说，是由于精神既是作为意识的主体性自己，又是与之对立的现实世界，因而，世界既不是于自己而言的他者，同时，自己又不脱离世界而独立。因此，普遍自我同一（自同的な）的实体同时是一种普遍性工作，它**通过**一切个人行为、作为其统一而产生。这类实体通过个别化，在运动之中成为现实的鲜活整体，也使得它作为**人伦共同态**的意义变得清晰。在这种意义上，精神既是"民族的人伦生活"（民族の人倫の生活），同时也是"世界的个人"（世界であるところの個人）。在这里，个人在不丧失自己的前提下投身共同态，共同态在个人之中生存下来。个人自觉到自己是共同态的成员，共同态自觉到它是诸个人的共同态。

143

然而，《精神现象学》的人伦是"精神"的一个发展阶段，并不是绝对的。围绕这一点，《精神现象学》与《人伦体系》的旨趣显有不同。在前者之中，直到人伦被实现，之前的诸阶段所说一切内容都以"人伦国家"为目标。但是，到了"人伦"阶段，人伦国家已不是目标，反而转化为一个过渡阶段。它不得不再次通过自我分裂继续前进。之前在《人伦体系》中被置于自然人伦之巅峰的家庭，在自然法的论文中就成了私有人伦，与公共人伦相调和。然则，此时此刻，黑格尔颇有深意地研究了已被弥合的两者之**分裂**。所谓**共同血统**法则与**共同生活秩序**法则都是支配民族共同态的根本法则。但是，因为前者扎根于民族共同态存在的深层土壤中，所以被称为地下法则或属神的法则；后者则含有风俗和法律，于是被称为属人的法则。对应前者的概念是"家庭"；对应后者的概念是国家中的市民生活。在民族生活中，两种法则和谐地相互交织、相互补足。然而，人伦精神不局限在平衡之中，又陷入矛盾。两种法则、两种人伦的势力开始纠缠，家庭的义务与国家的义务相冲突。这是**人伦行为**带来的后果，**罪和命运**就出现于此。在命运中，人伦国家被颠覆，在"我"处的"我们"，和在"我们"处的"我"，再度逆转为原子式的我——这便是人格。黑格尔在这里承认"法的状态"，此处，人伦现实仅限于**法人**之概念，但法人并不在自身之中实现人伦的内容，反在自己之外观察它。也就是说，人伦的精神成了相对于自己本身的他者。他者化的精神想要再次与自己本身合一，在努力实现合一的过程中，形成了"文化国家"。但它仍未达到合一，精神进一步分裂，他者化的精神进一步使自己他者化。我们将自身的彼岸当作真实的信仰对象，在此便产生相对于文化国家的信的世界即"本质国家"，产生出"知识"和"信仰"的对立。因而，精神就需通过"启蒙"时期，被分为彼岸和此岸的国家再度返回自我意识之中，这是**道德性**的阶段。在这里，精神深深地潜藏在道德性的内

144

部，成为良心，搭建起桥梁，通向作为宗教的精神自觉。

黑格尔讲述的诸阶段蕴含无比丰富的思想，它们都贯彻了精神发展的辩证法步骤。但是，在其展开的进程中，我们能够区分出以下两种运动：一种是汇入人伦国家的自我意识和活动理性之运动，另一种是从人伦国家再次沉潜在自我意识之中的精神之运动，两者的区分就像是上升的和下降的运动那般。毫无疑问，两者是同样通向神的绝对自觉的道路，总体来说呈上升趋势。但是，人伦既是法的状态也是道德性，在这样的状况下，它丧失了曾一度实现的东西。在这里，我们能够找到人伦体系与精神哲学尚未成熟的结合点。在后来的体系中，其顺序被完全颠倒过来。沿着从抽象到具体前进的严格方法，客观精神是这样前进的：法—道德性—人伦。但是，从另一面来看，在其抽象状态中，人伦既是法也是道德。如此思考自身便能给我们带来很多启示。从抽象到具体的乃是思维的前进，不是现实的生产过程。为了抽象能够存在，就要先在地给出具体。因此，如下立场也能有充分的依据：以人伦为根底，从此出发得出了法律，道德也从中得到反省。

到了《哲学科学全书纲要》，《精神现象学》展露出的才华横溢便静静地平息下来。但通过引入精神的自我认识这一契机，黑格尔完成了从人伦哲学到精神哲学之发展——至此，上述事实就更加清晰地呈现在我们面前。黑格尔从主观的精神出发，精神超越客观精神到达绝对精神，又在绝对知识的哲学中达到其巅峰（究極する）。因而，作为客观精神中的一个阶

145

段，人伦只不过是精神发展的中途。另一方面，汇入精神的自我认识是一种发展，此发展把人伦实践的实现阶段完全包括在内。曾经在《人伦体系》中提及的绝对人伦的实现阶段，在此处就展开为主观精神的"心灵""意识""精神"及客观精神的"法""道德""人类"的一切阶段。精神的自我认识以人伦的实践性实现为中介发展起来，人伦的实践性实现则通过精神的自我认识攀登到更高的阶段。无论在哪个发展阶段，这两个契机都是必不可少的。因而，通过从这两方面出发考察精神的哲学，就能够到达被放入此处的人伦哲学。首先，在"心灵"的阶段，上述两面还未显现为对立关系，于是，在其原材料阶段（素材的段阶），要成为认识或实践的事物便相互交织。"自然心灵"（自然的な心）是被风土季节规定的自然精神，更是被地理规定的地方精神，是民族的本色（素地）；并且，它又是从孩童到老年，年龄逐渐增长的过程，是男女的性关系，它已是家庭的本色。但是，作为心灵的觉醒和感觉，它已预示意识和理性。"感觉的心灵"是相对感觉内容的主观，它已经是悟性意识的本色。但是，作为一种习惯，它又已预示了人伦的习俗。所以，若将上述两种心灵加以综合，便得到"现实的心灵"。一方面，我们认为它是心灵的肉体化，视之为表情、举动、姿势等人的表达，这些表达都是人伦实践表达的不可欠缺的一个阶段。但是，另一方面，通过心灵的肉体化，纯粹有机的肉体就分离出来，造就了与外界对立的、把心灵当作主观的自我。至此，心灵就成了意识，所以，这便是精神的自我认识的第一步。接着,到了"意识"的阶段,上文所说的两方面被清晰地区分开来。汇入悟性的"单纯意识"是认识的一面,它寄居在欲望之中(欲望よりいでて),从对自我和他者的承认出发,到达普遍的自我意识。此处"自我意识"便是实现人伦的一面,"理性"综合两者。更进一步,到精神的阶段,**理论的精神**和**实践的精神**被更明确地区分,在后者,我们要处理的是实践的情感、冲动与恣意和幸福等等问题。这两者在"自由精神"之中被综合起来。至此,这一自由在"物"中实现,在"法"的阶段中就展开为"财产""契约"和"合法对非法"等;这一自由在"主观"之中的实现,则是"道德性",展开为"企图""意图与福祉"和"善恶";两种自由的实现之综合便是"人伦"。如此看来,《人伦体系》提出的种种问题与精神的自我认识相结合并构成了精神哲学,这是一目了然的事实。

尽管人伦哲学融入精神哲学,但仍在其中活跃。晚年的黑格尔再次提出自然法学,并详述之,写为《法哲学》。此时,人伦哲学就作为上述体系的一部分即客观精神之学,已非最初之人伦哲学。绝对人伦在此失去了其绝对性,然而,可以看到归入精神哲学的人伦哲学总是以某种形态维持其独立性。 148

我们为什么要特别关注这一点?因为在人伦哲学之中,对人间存在之结构的把握具有独特的因素,它不能被尽数塞入作为"精神的自我认识"出现的、理念的发展和概念的演进之中。作为一种"哲学",人伦哲学必然是精神的自我认知,以绝对知识为顶峰。但是,人伦并不是在哲学之中才开始实现,哲学的反省反过来在事后对既已实现的人伦进入到概念演进的过程进行描摹。对此，黑格尔自己也有明确陈述。（VII2，211f.）在《法哲学》中，我们从**抽象即意志的概念**开始，接着进入抽象意志外在的定有即**形式法**的领域，由此转移到返回自己的意志即**道德性**的领域；最后，到达合并两种抽象的契机的、具体的人伦意志。在人伦领域中，我们从直接的、自然的和未发展的形态即**家庭**开始，接着转到资产阶级社会人伦实体的分裂；最后到达两种片面的人伦精神形态之统一即国家。但是，如此考察的进程完全不意味着，相较于法与道德，人伦在时间上较为靠后；也不意味着，较之国家，在现实中的家庭和资产阶级社会乃是在先的。毋宁说，恰恰相反，**人伦是法与道德性的根底**，家庭与资产阶级社会以既有国家为其**前提**。但是，人伦**在哲学中的发展**不能把国家当作出发点。因为，人伦在国家之中发展为最具体的形态，与此相对，哲学的必然从抽象起始；所以，尽管道德在属人伦的事物之中逐渐显现为一种病态，但我们还是要反过来先考察道德。

149

　　按照黑格尔的说法，《精神现象学》的论述方式乃是从人伦出发，逐步下降到法与道德。实际上，这不是哲学的发展顺序，而是就着现实的结构关系或者历史发展所作出的思考。如此，哲学的发展是精神自我认识的过程，同时，我们不得不承认，在此之外，也有顺次地（層位的に）探索现实事物的结构之类的其他立场。哲学的发展是**思考的精神**去把握法、人伦和道德这类前设（所与）的过程（VIII，6.），并不是这些前设不断形成的过程。"法"这类抽象如何从人伦的根底中产生出来？更根本地讲，人伦自身如何能够被实现？人伦哲学不把此过程看作精神的自我认识，仅看作人间存在结构的分析，从抽象到具体不断进行回溯。当然，此处的认识过程具有向结构的**根底**回溯的含义。但是，能回溯到的**最终根底**是人间存在的整体性，并不是认识自己的精神。倘若持如此观点，就是承认了以下事实：作为人伦，绝对者不断实现自己的活动反更先于精神的自我认识，哲学不过是描摹了鲜活整体性的运动。

在人伦哲学中，黑格尔看似确实指出了正确的方向。然而，他所到达的绝对整体性完全是有形的人伦组织，不是真正的绝对者。所以，虽然他笔下的鲜活整体性以不断的否定运动为本质，但仍无法超出"民族"之界限。于是，他从整全人伦即绝对精神的视点出发，转移到"自我直观即自我"这一精神的立场。然而，只有对精神的自我认识而言，绝对精神才能是终极原理（究極の原理），对于含有一切非合理性的人伦现实性而言，它却不能作为终极的**根底**。因此，如果黑格尔承认，在人伦组织的背后，作为"差别性限定的无差别"之绝对者乃是绝对否定的整体性，那么，恰恰在此处才能真正寻得人伦的终极根底。只有作为绝对否定的整体性之自我限定的表达，黑格尔所谓人伦整体性的各种形态才能以鲜活整体性作为其根底。回到这种立场来看，在"自他不二"的自我意识运动中的**行为**的意义、在"自他不二"中激活了自我和他者

150

151

的、人伦国家的意义逐步呈现为绝对者通过自我否定进行的自我实现。

如此看来，人伦哲学也能发展为人间的哲学，后者是把绝对整体性看作"空"的哲学。黑格尔力陈的所谓差别即无差别，既是一切人伦组织的结构，在其绝对性之中又必然是"空"。只有在此地基之上，才能阐明"人间的结构完全既是个人又是社会"的观点；从而，也能阐明"人间的存在是自我和他者的行为，它总是形成人伦组织"的观点。从上述观点出发，便能逐个激活黑格尔关于人伦的论述。在这种意义上，黑格尔的人伦之学足以称作伦理学最伟大的典型之一。

然而，黑格尔奋力融人伦之学于精神哲学中，欲在观念的发展和概念的推进之中理解人伦现实的诸阶段。只要正在思考的精神想去**把握**自己的内容，如此去做就是理所应当的。从这一侧面来看，黑格尔看似完全从思维出发发明了人间存在：站在精神的立场之上自身便已经意味着这一事实。在黑格尔那里，精神是了解自己的现实**观念**，通过差别化自己而回到无差别的运动也只不过是**思维的运动**罢了。至此，欲颠覆如此观念论立场的尝试便自发地突破了此立场所覆盖的人伦哲学。虽然有不自觉的成分，但费尔巴哈和马克思的批判引发了如此后果。两人都从观念之网中拯救出人间的存在，并且，在捕捉人间的存在时，两人都在某一阶段把黑格尔分析得出的存在结构用作自己的根本概念。

注释:

[1] 据说谢林受到黑格尔的影响,在《学术研究方法论》(*Vorlesungen über die Methode des akademischen Studimus*, 1802)一书中,尝试把家庭把握为有机体,并将个性与共同态综合起来。Kluckhohn, *Persönlichkeit und Gemeinshaft*, 1925, S. 58 - 59.

[2] Hegel, *Schriften zur Politik und Rechtsphilosophie*, hrsg. v. Lasson, S 413ff. 关于该遗稿的写成年代,有 1799 年、1802 年或以后两说,近来的研究表明,后者似乎更加有说服力。

10. 费尔巴哈的人间学

费尔巴哈一度曾是"精神哲学家"黑格尔的狂热门徒。但是,在追随的半途,费尔巴哈又变成最勇敢的斗士,投身于打倒黑格尔精神哲学的运动中。所以,我们也能在费尔巴哈这里找到对"思考的精神"之立场最为尖锐的批判。[1]

批判的第一个要点围绕思维与有(Sein)的统一展开。黑格尔的思考是从思维发明人间存在,这种思考在根本上基于"思维"与"有"的同一。因此,费尔巴哈想要从黑格尔的逻辑学中拯救出"有"。黑格尔把"有"看作哲学的原点并从此出发,但这"有"乃是在思维之中的"有",是规定思维的"有"即"有的概念",不是现实、具体的和感性的"有"。因而,黑格尔在设定"有"为无中介的、直接的、自我同一的概念时,已经以无中介性和自我同一性的概念为前提,"有"在"设定"一类中介之中活动,这便是思维的世界。纯粹的、无限定的"有"不过是从现实的、被限定的"有"出发,借由思维而抽象化整个"限定"而得出的产物。然而,完全不被限定就是绝对限定,因而,"有"的概念已是"绝对者"的概念。黑格尔从"有"出发与从"绝对理念"出发没有什么不同。然而,如此便只余"思维"而错失了"有",那么,我们应如何拯救出"有"呢?

仅站在抽象思考的立场,便能够拥有无差别之"有"一类没有实在性的抽象思想,但却无法拥有"有""存在"和"现实的表象"。所谓"有"的范围超出了"被思考地有"(考えられて有る)。也就是说,"有"是由**感性**推证(立証する)出来的:有千差万别的事物,存在着无数的人,我们借由感性来捕捉它们。因此,"有"必然是某物**有**(何物かが有る),不能是无限定的"有","有"超越了思维。

"有"本与"思维"对立,它并非在思维之中的有。黑格尔看漏这一重要的对立,所以他的辩证法堕入思辨的**独白**,并未成为"思辨"与"经验"、"思维"与"有"的**对话**。无论精神再怎么通过自我陌生化拥有客观的性质,它一直仍是在思维之中的"有"。也就是说,它**是**与思维相对的**他者**,并非此处**有**与思维相对的**他者**。因此,黑格尔所谓"思维的他有"不过是"思想的他有之思想"(思想の他有の思想)罢了。只要站在这一立场,就无法跨越"思维"与"有"的矛盾,也就不能称为真正的辩证法。激活辩证法的积极力量是**绝对否定性**,它将"有"真正当作相对于思维的他者。

尽管黑格尔高举"具体"之标语,但反被费尔巴哈看作最为抽象的思想家。黑格尔要排斥抽象的思维,乃是因为他处于抽象思维本身之中,对抽象的否定本身也是一种抽象。如此偏狭性基于对"有"的误认,如此误认又基于他从一开始便

154

155

站在绝对理念或者精神的立场。此处潜藏着黑格尔哲学的秘密：它实际是一种"神学"。

费尔巴哈对黑格尔之批判的第二个要点就与此秘密有关。黑格尔将谢林的"绝对者"当作稳固基础，并从此出发。但黑格尔自身的立场并非"自然"，而是"精神"，这绝对者、这精神就是古代神学中的"神"。僵死的神学精神化为幽灵游荡在黑格尔的哲学中，神学的神拥有无情绪的情绪，神无爱地爱着，无愤怒地发怒。类似地，思辨哲学也思考没有时间的存在、没有持存的定有、没有感觉的性质、没有本质的本质和没有生命的生命。在黑格尔的逻辑学中，本质毫无疑问是自然和人的本质，但是，它是无本质、无自然和无人的本质。同样地，他在不思考人的前提下，就去思考人间的法、宗教、国家和人格性，那么，哲学无非是**伪装的神学**。黑格尔的所谓本质是合理化的神的本质，他的哲学与神学的不同之处仅有一点：将神理解为只能借助理性接近的神，因而，他把神的本质看作理性的本质。换言之，这里的变化不过是客体的神变为理性或主体的神罢了。因此，就像神学认为一切都在神之中那般，在黑格尔那里，一切物都在思维之中。因为这一尝试不是在**神学领域**而是在哲学领域中发生的，所以黑格尔的哲学是在神学立场上对神学的否定。同样，完成了自我认识之运动的精神穷尽了哲学，它可被称为"无神的神"（atheistischer Gott）。这样，黑格尔的哲学成为神学最后的避难所和最后的合理性柱石，不废弃黑格尔哲学的人就没有废弃神学。①

从而，通过废弃黑格尔哲学，费尔巴哈欲开辟一条新的哲学之路，这便是他所谓从"神之学"（神の学）到"人之学"（人の学）的转向。

"人之学"反对的乃是这样一种精神的立场，这种立场把没有肉体的抽象"自我"与"有"融入思维之中。与此相反，"人之学"站在思维与感性、精神与物质之统一的"人"的立场上。"所以，在新哲学中，**认识原理即主体既不是自我**，也不是**绝对**（即抽象的）**精神**。一言以蔽之，不是**抽象理性**——并非如此。反而，它是**人的现实的也是整体的本质**。理性的实在性和主体只有人。人在思考，并非自我和理性在思考。"（*S. W.*，II，S. 339.）"新哲学**将神学**完全地、绝对地、没有矛盾地消解**在人学中**。因为新哲学并不像古代哲学那般，完全在理性之中消解神学，反而是在人的**整体的现实的**本质之中消解它。"并且，"人并不是**仅借由思维**区分自己与动物。毋宁说人的一切本质都与动物相区别。当然，不进行思维活动的就**不是人**。但产生这种区别的原因并不是思维本身，而是人的本质之必然结果和性质罢了"（*do.*，S. 341.）。"人的基础是**自然**。新哲学把含摄自然的人作为哲学的唯一的、普遍的、最高的对象，使

157

———

① "不废弃黑格尔哲学的人就没有废弃神学"这句话实际是引用了费尔巴哈《未来哲学纲要》一文。中译本一般作："谁不扬弃黑格尔哲学，谁就不扬弃神学。"参[德]路德维希·费尔巴哈：《费尔巴哈哲学著作选集》（上），荣震华、李金山等译，商务印书馆1984年版，第114页。

得包含了生理学的**人之学**成为一门普遍学科。"（*do.*，S. 343.）①哲学在根底上是人之学，"人"不只是进行思维的自我，也是进行思维的主体，是感性的和自然的"有"。

这样，费尔巴哈在转"神之学"为"人之学"的同时，也颠倒了"思维"与"有"的关系。在黑格尔那里，"思想"是"有"；此处"人"才是"有"。在黑格尔那里，"思想"是主语，"有"是宾语；在费尔巴哈这里，"有"是主语，而"思维"是宾语。费尔巴哈在此承认"思维"和"有"之间的真实关系："**'思维'从'有'而出，而'有'不从'思维'而出。**"（S. W.，II，S. 263.）"有"之所以为"有"，其本质乃是自然的本质，自然是人的根底，正是这个人在进行思维。至此，费尔巴哈完全颠覆了黑格尔所谓进行思维的精神之立场。

但是，在排斥黑格尔"精神"的立场，站在"人"的立场时，费尔巴哈所说的"人"究竟是什么？可以说，人把自然当

---

① 以上三处都摘自费尔巴哈《未来哲学原理》。第一处（S. 339）中译本一般作："新哲学的对象，也只是一种现实的和完整的对象。因此新哲学的认识原则和主体并不是'自我'，并不是绝对的亦抽象的精神。简言之，并不是自为的理性，而是实在的和完整的人的实体。实在，理性的主体只是人。是人在思想，并不是我在思想，并不是理性在思想。"第二处（S. 341）中译本一般作："新哲学完全地、绝对地、无矛盾地将神学熔化为人本学，因为新哲学不仅像就哲学那样将神学溶化于理性之中，而且将它融化于心情之中，简言之，溶化于完整的，现实的，人的本质之中……人之与动物不同，决不只在于人有思维。人的整个本质是有别于动物的。不思想的人当然不是人；但是这并不是因为思维是人的本质的缘故，而只是因为思维是人的本质的一个必然结果和属性。"第三处（S.343）作："新哲学将人连同作为人的基础的自然当作哲学唯一的、普遍的、最高的对象——因而也将人本学连同自然学当作普遍的科学。"参[德]路德维希·费尔巴哈：《费尔巴哈哲学著作选集》（上），荣震华、李金山等译，第180—183页。

作自己的根底,然而,这并不代表费尔巴哈只是作为唯物论者说了这话。他在《基督教的本质》(S. W., VII)开头就说到人的本质,力陈人多么不**唯物**,人是多么**与动物不同**。如此,他的**人之学**就要自然而然地回到黑格尔的人伦哲学那里去。

在费尔巴哈看来,人与动物相区别的本质特征就是在严格意义上的"意识"。在这里,我们仍能清楚地看到黑格尔的影响。"所谓意识就是某物对自己本身而言乃是对象",(Bewusstsein ist das sich selbst Gegenstand Sein eines Wesens. S. W., VII, S. 31)这类对意识的规定极富黑格尔的风格。但是,对于费尔巴哈来说,在意识之中,对象化"自我"的不是"精神"而是"人"。"人在对象之中意识到**自己本身**,对象的意识是人的**自我意识**。从对象的角度来说,你认识了人,人的本质在对象之中向你**呈现**(現像する)。对象是人**被显明**(あらわにされた)的本质,是真实的客体性之自我。此论断不仅适用于精神的对象,也适用于**感性的**对象。即便距离人最为遥远的对象,**只要是**人的对象,也正因为它们是对象,所以它们都能启示出人的本质。日月星辰也对人高呼'认识你自身!'人观看这些事物,或以人的方式观看它们,两者都是证明人之固有本质的证据。动物也接受生命必需的光线,人却反其道而行之,甚至去接受距我们最远的星辰发出的无关痛痒的光芒。只有人拥有纯粹的知性的和无兴趣(無関心)的喜悦和情绪——只有人才欢庆观照(理论)之眼的节日。"

158

159

(VII，S. 29.)①人的本质意味着曾被给与"精神"的一切伟大的特质又被全数褫夺并归还给人。"如果你思考无限，那么你思考并确保了**思维能力的无限性**。如果你感受到无限者，那么你感受并确保了你**情感能力的无限性**。理性的对象是与自我对立的理性；情感的对象是与自我对立的情感。"（*do.*，S. 34.）②我们在听音乐时就是在听自己的心灵之声；人在信靠神时感受到自身本质的力量，**所谓绝对者就是人的本质**。

在此我们观察到，费尔巴哈把黑格尔的绝对者转移到了人这一侧，这便是所谓回到黑格尔绝对人伦的立场。费尔巴哈将人的绝对整体性理解为"类"（Gattung），并把它看作人的本质。"动物仅有一重特性，人却有**双重特性**。动物的内部生活与外部生活浑然一体，但人却有内在**及**外在生活。人的内

---

① 中译本作："所以，人由对象而意识到自己：对于对象的意识，就是人的自我意识。你由对象而认识人；人的本质在对象中显现出来：对象是他的公开的本质，是他真正的、客观的'我'。不仅对于精神上的对象是这样，而且，即使对于感性的对象，情形也是如此。即使是离人最远的对象，只要确是人的对象，就也因此而成了人的本质之显示。月亮、太阳、星星也向人呼喊Γνῶθι σαυτόν（认识你自己）。人看到它们，并且，它们的样子就像他看到它们的一样，这一点，就是他自己的本质的证据。动物只感受得到生活所必要的太阳光，反之，人却连来自最遥远的星球的无关紧要的光线也能接受到。只有人，才具有纯粹的、智能的、不以个人兴趣为转移的喜悦和热情；只有人才会欣赏理论的视觉观玩之乐。"参〔德〕路德维希·费尔巴哈：《基督教的本质》，荣震华译，商务印书馆1984年版，第33页。

② 中译本作："所以，如果你是在思维无限的东西，那你就是在思维和确证思维能力的无限性；如果你感受无限的东西，那你就是感受和确证感情能力的无限性。理性的对象，就是自己作为自己的对象的理性；情感之对象，就是自己作为自己的对象的情感。"参〔德〕路德维希·费尔巴哈：《基督教的本质》，荣震华译，第38页。

在生活是与**人的类**和**人的本质**发生关系的生活,人思考即他对话,他与自己对话。若不存在它之外的其他个体,动物就无法发挥类的功能,但即使没有他者,人仍然能够发挥思考、说话一类真正'类'的功能。**在自己本身之中,人同时是我和你。**人可以将自己本身放在他者的位置,其理由正是**他的类和他的本质乃是一种对象**。"(*do.*, S. 25.)①这样,在整体性之中,我们所见到的"人"已非单纯个别肉体的人,反而必然一定是个人的、社会的"人间"。所以,在《基督教的本质》中,费尔巴哈就已阐明,世界的意识已经被"你"的意识中介,人最初的对象就是人(VII, S. 126.)、三位一体的秘密乃是共同态的生命之秘密等。不只是人的绝对整体性投射为"神",更进一步,人与人的共同态的生命也投射为神的生命。"宗教是**在人的鲜活整体性之中的**自我意识。在这一整体性中,只有作为充满各种各样关系的**我与你的统一**,自我意识的统一才能存在。"(*do.*, S. 106.)②

160

---

① 中译本作:"所以,动物只有单一的生活,而人却具有双重的生活。在动物,内在生活跟外在生活合二为一,而人,却既有内在生活,又有外在生活。人的内在生活,是对他的类、他的本质发生关系的生活。人思维,实际就是人跟自己本人交谈、讲话。没有外在的另一个个体,动物就不能行使类的职能;而人,即便没有另一个人,仍旧能够行使思维、讲话这种类的职能,因为,思维、讲话是真正的类的职能。人本身,既是'我',又是'你';他能够将自己假设成别人,这正是因为他不仅把自己的个体性当作对象,而且也把他自己的类、自己的本质当作对象。"参[德]路德维希·费尔巴哈:《基督教的本质》,荣震华译,第 30 页。

② 中译本作:"可是,宗教是人对自己的活生生的整体性的意识,在这种整体性之中,自我意识之统一,仅仅作为'我'与'你'的富有关系的、成全了的统一。"参[德]路德维希·费尔巴哈:《基督教的本质》,荣震华译,第 106 页。

　　如此想要颠覆精神立场的"人之学"必然是"人间之学"。所以,宣称"'思维'从'有'而出,但'有'不从'思维'而出"的《哲学革命的纲领》(哲学革命のテーゼ)①一方面说"有"乃是"人",另一方面,最终又到达了黑格尔的"绝对人伦"。"人是自由的存在,人格性的存在和法的存在""国家是实现、形成和展开人的本质的整体性"(II,S. 267.)。同样,费尔巴哈在《未来哲学原理》(未来の哲学の原理)之中力陈,神学逐渐消失在"人之学"中。人的本质充当了哲学原理,它最终"被包含在共同态之中,被包含在**人与人的统一**之中,如此统一只建立在我与你之**区别的实在性**之基础上"。因此,"哲学的最高和最终的原理是人与人的统一"(II,S. 344,345.)②,真正的辩证法一定是我与你的对话。在"我们"之中的"我"和在"我"之中的"我们"发展为**我与你的对立统一**。然则,费尔巴哈提出的"共同态"与黑格尔所谓的"人伦组织"相去不远。

　　费尔巴哈通过排斥精神回归人伦。以下事实更明确地展示出了此中状况——他更加有力地论述在黑格尔的人伦之中所谓家庭的规定即"爱"。在黑格尔那里,一般来说,爱是自我和他者统一的意识,是最大的矛盾。人不愿在爱中独立,反通过没入他者而获得自我,他把爱看作自我意识的运动,视为实

161

---

　　① 汉语一般作《关于哲学改造的临时纲要》(*Vorlaufige Thesen zur Reform der Philosophie*),发表于 1842 年。
　　② 中译本作:"哲学最高和最后的原则,因此就是人与人的统一。"参[德]路德维希·费尔巴哈:《费尔巴哈哲学著作选集》(上),荣震华、李金山等译,第186 页。

现人伦的根本方向。但是,所谓爱完全是"感觉",是自然人伦的合一性,所以,黑格尔尤其在"性爱"中提及爱。然而,费尔巴哈把上文所说的"爱"放到感性之巅,正是感性使"有"之为"有"。"'有'作为'有'的对象,是感官、直观、感觉和爱的'有',从而,'有'是直观、感觉和爱的秘密""爱是对'在我们头脑之外有对象'这一命题真正有论的(有論的)证明。若不从爱和普遍感觉出发,便不存在对'有'的证明"。"没有爱的地方就没有真理,只有爱某物者才是某物,空无一物与不爱任何一物是同义的。①"(II,322—325.)"爱"不外乎是**我与你的关系**,也是**人与人的统一**。费尔巴哈恰恰将黑格尔的"人伦合一性"用作他自己哲学的原理,并承认一切"有"的根底就存在于此。

162

从此看来,费尔巴哈的人间学与黑格尔的人伦之学在根底处相通,这是很明确的事实。被认为生产出思维的"有"最终必然被把握为"人间存在"。**人与人之间的共同态**是最终原理也是真理,换句话说,**爱证明了外界的实在性**。而我们确证"有外物"的确实性,只能以我们之外尚有**其他人**的确实性为中介。也就是说,你与我的关系是"有"的根底,那么,你与我的关系正是人伦的关系。当然,对于费尔巴哈而言,"你"完全是与"我"对立的

①　中译本作:"作为存在的对象的那个存在——只有这个存在才配成为存在——就是感性的存在,直观的存在,感觉的存在,爱的存在。……因此爱就是有一个对象在我们头脑之外存在的、真正的本体论证明——除了爱,除了一般的感觉之外,再没有别的对存在的证明了。……没有爱,也就没有真理。只有有所爱的人,才是存在的,什么都不是和什么都不爱,意思上是相同的。"参〔德〕路德维希·费尔巴哈:《费尔巴哈哲学著作选集》(上),荣震华、李金山等译,第167—168页。

"你",由感官给与,并非被思考出来的"你"。然而,"你"在爱中与"我"合一,所以,"你"又是使得"我"被发现为"我"的"你"。所以,"你"的存在既是人的存在,也是感性的"有"之根底。站在此立场,他说"我与你的统一乃是神"(II, S. 344.)①。在人与人共同态的底部,我们能够洞察到绝对者。

但是,费尔巴哈急于将"神之学"转为"人之学"并从"思维"中拯救出"有",并未更进一步向着详细并缜密地规定"我与你的共同态"的方向努力。"我"与"你"的对立统一有着怎样的结构?"我"与"你"的间柄究竟在哪里才能成立?毋宁说,费尔巴哈没有触及这些问题,它们就此遗留下来。即便是费尔巴哈所力陈的"爱",与其说被看作黑格尔所谓的**人伦**合一性,毋宁说更多地被看作一种认识能力。"他人的爱向你宣告你是什么。只有爱着的人才能把握被爱的人的真正本质。为了**认识人**,我们**就必须爱他**。"(II, 393.)因此,与其说费尔巴哈认为"爱"是人伦的共同态之规定,毋宁说他更愿意把它看作哲学原理。就这样的态度而言,人与人之间**实践的行为关联**及形成于此的**人伦组织**便离开了关注的中心点,这是削弱费尔巴哈人间学之力量的最主要缺点。

我们也在如下陈述中看到了这一事实的体现:费尔巴哈伦理学认为,家庭关系是**道德的根本关系**,尽管这样的说法看似激活了黑格尔的人伦之学,但在根底上并不如此。毕竟他

---

① 中译本作:"'自我'和'你'的统一,则是上帝。"参[德]路德维希·费尔巴哈:《费尔巴哈哲学著作选集》(上),荣震华、李金山等译,第185页。

的伦理学原理[2]站在了"我与你"的立场上。"道德不能从无感官的单纯自我和单纯理性得出，只有从**我与你的结合**之中得出。并且，你与进行思维的自我不同，前者仅由感官给与。"（X，S. 66.）他并没有从上述**结合的原理**之中导出道德原理，只是遵先例从**意志**中推导出来。费尔巴哈站在感性人的立场，对他来说，意志不能是理性意志。所谓"欲求"是**欲求某物**，**某物**终结了之前人所厌恶的事物，它只能是一种福祉。我欲求即我对幸福的欲求，人的意志是幸福欲，从而"幸福"正是道德原理。这意味着，人在思考道德原理之际，脱离了我与你统一的立场，站在孤立的感性人立场。但是，为着证明幸福欲不是利己欲，费尔巴哈再次回到我与你结合的立场。所谓幸福不单是我的幸福而是"我与你的幸福"，我在让自身幸福的同时也欲求**其他之"我"**的幸福。他者越幸福自己就越幸福，在男女交往中，这条原则最为敏感地体现出来。它同时也是人与人交往的普遍图式（X，S. 69—70.）。费尔巴哈之所以将性关系和家庭关系当作道德的根本关系，乃是由于他从幸福欲的视角出发，并不是因为他承认人间关系自身本就具有人伦的意义。因而，虽然他认为人与人的共同态是终极原理，但此立场却没有在伦理学中贯彻到底。这样的不彻底之产生，乃因费尔巴哈不重视"人间关系乃是实践的行为关联"这一事实。

　　费尔巴哈的"人之学"从"思维"中拯救出"有"，解开了黑格尔的魔咒。但与此同时，他的"人之学"又有一些弱点，例如,它没有把"人间"的本质彻底化,又如它轻视人间关系的实践的、行为的内容。最为明确地指出这些弱点的,正是马克思。马克思更为具体地把握了"人间存在",也更鲜明地塑造了"人间之学",而他所激活的无非是黑格尔的人伦之学的一个侧面。

注释:

[1] Ludwig Feuerbach: Zur Kritik der Hegelischen Philosophie. Sämtliche Werke, Bd, II, 1846, S, 185 – 232.

——Vorläufige Thessen zur Reform der Philosophie. S, W., II, S, 244 – 255.

——Grundsötyen der Philosophie Zukunft. S. W., II, S. 269 – 346.

Vgl. Rawidowicz: Ludwig Feuerbachs Philosophie. 1931.

译者按:此即后文提及的 W.Bolin(博林)和 Fr. Jodl(约德尔)编《费尔巴哈全集》第二版第二卷,尤其截取了《关于哲学改造的临时纲要》和《未来哲学原理》两篇著作。

[2] Ludwig Feuerbach's Samtliche Werke, Bd. X, 1866. »Über Spiritualismus und Materialismus, besonders in Beziehung auf die Willensfreiheit«,另外,在 W.博林和 F.约德尔(W. Bolin u. Fr. Jodl)编辑的《费尔巴哈全集》(第十卷)中,有其遗稿《论道德哲学》(*Zur Moral philosophie*)。译者按:博林和约德尔编译的这套丛书即《费尔巴哈全集》第二版。

11. 马克思的人间存在

在费尔巴哈的《基督教的本质》出版之时,马克思与恩格斯都在阅读此书的过程中感受到自己从黑格尔的束缚中解脱,亦感受到唯物论的胜利。一时间,两人都成为费尔巴哈的追随者。但是,当时的青年黑格尔学派(ヘーゲル左党)却非铁板一块。在该学派中,毋宁说把费尔巴哈哲学看作黑格尔哲学之发展者为数众多。相应地,费尔巴哈明显留有黑格尔带来的诸多影响。在费尔巴哈的著作中,黑格尔的"绝对者"显示为人本质的"类"或是普遍的人。所以,马克思不久就指出费尔巴哈的缺陷,在超越他的过程中找到了自身的道路。

马克思批判费尔巴哈,阐明费尔巴哈未能在"类"概念及"我与你"的共同态概念中理解人的本质即人的社会性存在。费尔巴哈假定了抽象孤立的"人"之个体,从个体抽象出来的、普遍的"类"反被拿出来当成人的本质。因此,人的本质是内在于每一个人的抽象事物。借由人的本质捕捉人的整体性,这样的做法是倒退到思辨哲学。在任何地方都找不到所谓"孤立人"的踪影,人总是在社会关系之中"有"的。所以,**人的本质是社会关系的总和**,费尔巴哈未曾把人置于社会关联之中。把人看作"感性的对象"是费尔巴哈超越"纯粹唯物论者"的优点，但前者又没能洞察到人也是"感性的**活动**"。因而，在《关于费尔巴哈的提纲》(以下简称《提纲》)的开头，马克思写了这样一段有名的话："从前的一切唯物主义，包括费尔巴哈的唯物主义的主要缺点是：对事物、现实、感性，只是从**客体的**或者**直观的**形式去理解，而不是把它们当作**感性的人的活动**，**当作实践**去理解，不是从主体方面去理解。"①费尔巴哈在意识中找到人的本质特征，此时，对象的意识就是人的自我意识，人的本质出现在对象那里。因此，感性的对象就是人自身。但是他又在直观、感觉和爱等等认识形式之中，即完全**观照地**捕捉之。所以，费尔巴哈把感性世界即自然绝对化，看不到感性对象是产业和社会状态的产物，也是理所应当的。当然，他更将上述感性的对象理解为"你"，又进一步把"我与你"的共同态作为人的本质。然而，此处的主题乃是通过"你"得到的对于"我"的自觉，缺少我与你之间的实践的行为关联，因而缺少了对"你"的主体性把握。

将人主体地把握为感性的活动，又置于社会关联中，这便是把"人"把握为"人间"。"人的本质是社会关系的总和""全部社会生活在本质上是实践的"(《提纲》第六、第八条)②，倘若如此，"人"除了作为实践的行为关联的"人间"外，不能是其他的什么。马克思驳斥了将"人"当作**自然对象**的唯物论，强

① 参《马克思恩格斯全集》第三卷，人民出版社 1965 年版，第 3 页。
② 参《马克思恩格斯全集》第三卷，第 5 页。

调了作为活动实践的"人间"之主体性存在。马克思对"社会"的强调就是转化"人"为"主体的人间"。

若从此观点出发,考察马克思唯物史观的根本纲要,便可直接明确,它是一种将"人间存在"置于人意识根底的思考。费尔巴哈说"'思维'从'有'(Sein)而出,有不从思维而出",此"有"是在与自我和精神的对抗中获得肉体的"人",是"我"和"你"之中的"人"。但是,在马克思这里,"人"进一步被规定为在实践活动之中的社会关系的整体。因而"并非人的意识规定人的'有'(Sein),反之,人的社会性的'有'(gesellshactiches Sein der Menschen)规定了他们的意识"①。人类社会的"有"即人间存在。马克思认为,人间存在不仅是对象的"有",而且还是"人的**生活的社会生产**",是"与人物质生产力一定发展阶段对应的**生产关系**"。因而,换一种说法,这一纲要表达的是"发展了物质生产和物质交换的人们,与此现实一道变为思维或变为思维的产物。意识并不决定**生活**,**生活**决定意识"。人间生活即人间存在规定思维和意识。相对于人间意识,这样的人间存在被称作"物质"。

决定意识的"物质"是人间存在,它业已包含自我与他者之间实践交际和人的间柄之组织,意味着在自我与他者之间

169

---

① 中译本一般作:"不是人们的意识决定人们的存在,相反,是人们的社会存在决定人们的意识。"参马克思、恩格斯著:《马克思恩格斯文集》第2卷,《政治经济学批判》序言,中共中央马克思恩格斯列宁斯大林著作编译局编,人民出版社2009年版,第591页。

有相互理解，更有为了生产生活而进行的、对自然的技术性理解。当然，从人间存在先在于意识这一点来说，上述的理解就是先于意识的实践的理解，就是使一定的间柄在人之间（人の間）成立的、含有行为的理解。但是，人间存在作为意识仍充斥着能被反省的直接理解。因而，在意识以先，它已是相互理解地生产共同生活的主体性存在。"物质"易被误认作单纯客体，仅称呼"人间存在"为物质，恐成误解的根源。在马克思称之为"**排除社会过程**的、抽象自然科学的唯物论"①中，Materie 的意思确实是"物质"。然而，在马克思那里，它并非"物质"，而是相对于思维即形式的"实质"，是作为实质的人间存在。因此，马克思自己严格地把人间存在与单纯客体的"有"及自然科学的自然区分开来，这同时也是历史和自然、人和动物的区别。马克思绝没有把人间存在看作单纯的自然之"有"。

那么，马克思如何给人间存在赋予特性？他说[1]"可以根据意识、宗教或随便别的什么来区别人和动物。一旦人**开始生产**自己的生活资料的时候，这一步是由他们的肉体组织决定的，人本身就开始把自己和动物区别开来"②。所以，最开始的历史事件正是为满足穿衣、吃饭、居住等需要的必需品

---

① 中文版译为"那种排除历史过程的、抽象的自然科学的唯物主义"。参马克思、恩格斯：《马克思恩格斯全集》，人民出版社 1972 年版，第 410 页，注 89。

② 《马克思恩格斯文集》第一卷，中共中央马克思恩格斯列宁斯大林著作编译局译，人民出版社 2009 年版，第 519 页。

的**生产**。这种生产"在羊和狗那里是没有的"①。纵如羊或狗一类家畜，也是历史进程的产物，其历史也不是狗和羊的历史，而是人的历史。所以在制造出一切意识形态以前，人就实质存在来说已经与动物不同。将人从动物那里区别开来的**生产**，从一开始就是**社会的即人间的**，并不单纯是个人的。并不是孤立存在的"人"在某个发展阶段组成了社会，**人在成为"人"时就已经是社会性的**。也就是说，人一开始就是"人间"。因而，在这一人间存在之中，在**自我与他者的交际沟通**中生产出**意识**和**语言**。"语言与意识是同时产生的——语言就其'有'而言乃是实践的，为他者而'有'，也为了自己而'有'，它**是在两种'有'之中的、现实的意识**。但是，从其产生而言，语言最初与意识相同，都是从与**他者交际沟通**的欲望和必要之中产生。若间柄（Verhältnis）存在，那么它就是对'我'而言存在的。动物不同任何事物产生间柄，一般来说，也不会为了与其他同类产生间柄去**做某种行为**。动物与其他同类的交涉并不是间柄，所以，意识**一开始就已是社会的产物**。"②在这里，人间存在与动物的存有方式被彻底区分开来。人的间柄是发

171

---

① 《马克思恩格斯文集》第一卷，第 575 页。
② 中译本一般作："语言是一种实践的、既为别人存在因而也为我自身而存在的、现实的意识。语言也和意识一样，只是由于需要，由于和他人交往的迫切需要才产生的。凡是有某种关系存在的地方，这种关系都是为我而存在的；动物不对什么东西发生'关系'而且根本没有'关系'；对于动物来说，它对他物的关系不是作为关系存在的。因而，意识一开始就是社会的产物。"参马克思、恩格斯：《马克思恩格斯文集》第一卷，2009 年版，第 533 页。和辻把"关系"写作"间柄"，把"存在"写作"有"。

展为意识和语言的间柄，通过分音节能够成为语言的领会交际（了解的交涉）。然而，动物之间的关系单纯是物与物之间的关系，没有行为的含义。人间存在是自觉的，动物的有是无自觉的。

马克思虽然明确区分了人间存在与自然的"有"，但我们为何仍要认为，他是以"有"来决定思维的唯物论者呢？因为他与费尔巴哈一样，在与思辨哲学的斗争中，也要将"有"从思维之中拯救出来。马克思颠倒黑格尔的观念，主张观念事物"不外乎是在人的头脑之中被翻转和翻译的物质"，都是作为反抗思辨哲学 Materialisimus（唯物主义）。所以他废弃了神、精神、不死和世界图景（世界計画）一类概念，从作为思维之根底的**事物的现实性**和**现实的生活关系**出发，这便是唯物主义的关键。至于将现实称为"有"、称为"物质"是否恰当，在与思辨哲学斗争时都已不甚重要。故而，若仅注意两者之间的斗争，亦可说马克思将自然和物质置于意识的根底。

但是，精神与观念的诅咒业已解除，"有"相对于"思维"的优先地位已经确定下来。站在这样的立场上思考，现实的生活关系显然不能是单纯物质和单纯自然。本来，这样的生活关系即人间存在并不是与自然对立的不同领域，然而它也不是客体自然。如前所述，费尔巴哈将感性世界把握为自我同一的独立事物。马克思非难费尔巴哈，主张充当我们周边环境的感性世界实际是产业和社会状态的产物。即马克思的自然是"因人的行动而变化"的自然，也是基于人感性的活动、劳动与创造、生产等等的自然。自然是**人间存在的契机**，不是包含了人间的客体自然。到了自然科学的"自然"，只有从人间存在产生的"意识"在被充分打磨（十分に洗練された）之后，它方才形成。马克思如此说这种意识，"当然，意识起初只是对直接的可感知的环境的一种认识……同时，它也是对**自然界的一种认识**，自然界起初是作为一种完全异己的、有无限威力和不可制服的力量与人们对立的……因而，这是对自然界的一种纯粹动物式的意识（自然宗教）。……另一方面，意识到必须和周围的个人来往，也就是开始到人总是在社会中的……至此，自然宗教或与自然产生的一定关系由社会形态决定。与此同时，前者也决定社会形态"①。这就是马克思所谓"自然与人的同一性"，此处所谓"自然"是意识到原始社会性存在的契机之一乃"外在全能之力"的"自然"；自然宗教的"自然"则随着人间存在的历史发展，最终发展成自然科学的"自然"。没有产业与商业，也就没有自然科学；没有自然科学，也就没有自然科学的"自然"。

这样看来，马克思的"人间存在"认"自然"为自身之契机之一。自然是主体的存在契机，它必然是主体性的。但是，意识却找到"自然"作它的客体。从而，只有在人间存在之中，才能寻得作为对象的自然。人间存在是使得自然作为自然而对象化的基础。

①　《马克思恩格斯文集》第一卷，第573—574页。

173

如此，马克思欲用人间存在颠覆思辨哲学，然而，他因此完全脱离了黑格尔吗？包含自然的人间存在可以充分脱离精神的立场和观念的立场。但马克思在排除这一立场时又如何看待人伦哲学呢？他哪里是废弃了它，反而是取出其中一部分，强有力地发展了它！马克思想彻底地颠覆黑格尔的国家观，又继承了黑格尔的人伦哲学——这样的看法，或许初看不甚稳妥，但情况确实如此。

对马克思来说，人间存在是"人的社会性之有"。那么，社会的存有方式又是怎样的？人为了**满足欲望**共同地且相互地**劳动**。因而，他们进入一定的相互关系之中，从相互关联的劳动过程之中产生的相互作用之整体塑造了社会结构的形态，在关系中相关联的诸多个人形成社会。从而，社会的形成就被规定为劳动过程整体及由此产生的经济相互作用，它们对满足欲望颇有助益。这就是马克思的"社会"，它恰好是黑格尔所谓的"资产阶级社会"概念。黑格尔也认为"社会"是"欲望的体系"和"劳动的体系"，于是，"人"首先被规定为欲望的整体。但人的欲望与动物的欲望不同，人的欲望显著地分化、个别化。只有人才有穿衣、居住的欲望，有烹煮食物以果腹的必然性等等。因而，为迎合个别化欲望而创造出的个别化手段的中介——为了种种目的，通过各种各样的过程，对自然直接给予的材料进行分类的**劳动**，也只在人这里才有。那么，"欲望人"必然劳动，并且，只有以劳动为中介，欲望才能满足。也就是说，人在消费之中主要与人的生产产生关联，"欲望人"

174

175

的目标虽然是自己欲望的满足,是利己的个人,但其满足以劳动为中介。正因此,他在本质上就必然与其他持同样想法的个人发生关系。满足自己欲望的物质既能由自己的劳动,也能由他者的劳动生产出来。所以,为了用他人的劳动满足自己,他也必然通过自己的劳动来满足他人。也就是说,个人相互以他人为中介满足自己的欲望。换言之,只有通过同时满足个人与他人的欲望,自身的欲望才得到满足。因而,"欲望人"并不是孤立无援者,他必然被卷入欲望的体系即社会之中。社会是欲望的体系,也是物质生活关系的总和,马克思援用这种"社会"为他的社会概念。

马克思的创新之处在于,用"社会"替换了"精神",并将"社会"放在法的关系和国家形态的根底。对黑格尔来说,社会只不过是精神发展的一个阶段而已,但它现在反成了一切观念形态的根底,这确实是对黑格尔的颠倒。然而,如果离开精神的立场,仅在人伦的立场中思考又会如何? 此时,欲望与劳动的体系是人伦组织的自然契机并非其根底,其根底乃是包含这些契机的具体整体。但是,具体的人伦组织同时又不得不包含其契机即"社会"。换言之,"社会"是对人间存在而言至关重要的一面,没有它就无法形成国家。含有"社会"的人间存在成了具体的地基,在此之上,**道德意识**和客观的**法**渐次抽象地形成。只要是这样,就需承认,在人伦哲学之中,社会是法和道德这类观念形态的根底。

但是,马克思的工作是在人间存在中仅特意捕捉"社会"

176

的契机,并将解剖它的学问确立为"经济学"。因此,问题集中在以下几点:能否仅在经济层面穷尽人间存在? 仅从经济的侧面观察,人间存在究竟能不能成为法和道德的根底? 社会结构最为重要的要点在于,为了满足欲望,人必须共同劳动,从而进入到生产关系中。如此**人之间的关系**(人の間の関係)难道仅为欲望的满足,没有更深层次的根底吗? 马克思意味深长地阐明,人与动物之间相区别的根底是"间柄"。动物也为了欲望的满足而活动,但动物不会为制造与其他同类的间柄而做出某种行为。然而,人制造出间柄且发展了语言与意识。从而,人间存在是无法只从满足欲望的角度叙述的"间柄"。正因如此,物质的生产是**社会**生产,在社会生产之中,**生产的间柄**得以普遍形成。因而,人间存在最为根底的要素是自我与他者之间的**间柄**之形成,也就是说,人做出某种行为(sich verhalten),这便是黑格尔想要在人伦的直接状态之中捕捉到的要点。即便把它理解为"家庭"过于偏狭,但我们仍需承认,它确证了某种比经济更深一层的东西是存在的。费尔巴哈也把这一点看作"我与你"的关系。马克思所谓生产关系的社会,实际暗中以"间柄"为前提。

因此,在使上层建筑的法和道德成立之前,马克思的社会在其自身之内已经包含了使"间柄"成为可能的某种行为方式(ふるまい方)。若不是这样,生产关系便无法普遍形成——这就是为马克思所捕捉到的"社会"背书(裏付けている)的人间共同态。马克思的做法似乎排除了人间共同态,纯粹处理经济学的社会。因而,他似乎又主张社会与个人的意志和道德意识是相互独立地、以其自身的历史必然性前进的。他诉诸存在于人间存在的根本的规范,以批判社会结构。例如,因历史必然而出现的、资本家阶级对剩余价值的剥削,就是"不知廉耻的露骨榨取"。同样因历史必然出现的自由竞争被称作"没有良心的商业自由"和"利己主义算计的冰块般寒冷的水"。尽管有人主张马克思的经济学是没有混入道德批判的纯粹科学,但马克思的工作在整体上确证了资产阶级社会结构的不正当性,他努力塑造从这种不正当之中让全人类得到解放的定言命令。此命令即"全世界无产者联合起来!"联合(团结)和共同即人间存在最根本的特性,是此处绝对的当为,也是对于马克思而言的矛盾。人间存在的真相也在此呈现出来。

然而,这样看来,甚至可以说马克思的工作无非是详细证明了黑格尔认资产阶级社会为"丧失人伦的状态"的观点。社会呈现为人伦合一性的否定,人间存在根本的共同性于此处破裂。人是独立人格,是分离的诸多个人,人成为欲望的整体。如此孤立的原子式个人的关系体系是"社会"。所以,人可以从人伦共同态中学习并制造生产关系和劳动的共同体。但是,这并不是人伦的合一而是利害关系。因而,无论对于霍布斯还是黑格尔,"社会"都是"所有人对所有人争斗个人私利的战场",马克思证明,现实社会就是他们所说的"社会",接着,他主张目前的家庭与国家都不过是社会之内的制度。但

178

179

正因如此，他发出了"联合"的命令，该命令要打破这种结构。这一命令是在证实"丧失人伦的状态"之后，要求恢复人伦的命令。

马克思的唯物史观认为，法和道德是人间存在在意识中的反映。如果在这一主张中，人间存在像上文这般被具体地解释，那么我们就需一板一眼地认可它的正确性。一般来说，当为的意识是在行为方式的意识之中反映出来的，而后者存在于人间存在自身之中。人间存在先于个人意识，个人的道德意识必然完全根植于人间存在。但正因如此，人间存在自身才是实践的行为关联，它在根源上包含"伦理"。那么，对人间存在的分析，与其说是经济学，毋宁说更根本地是伦理学。

*

可以看到，黑格尔的人伦哲学在两个侧面得到了显著发展：在人伦的直接性侧面，通过费尔巴哈的"我与你"得到显著发展；在人伦的否定性侧面，通过马克思的"社会"得到显著发展。更进一步，我们也能看到现代社会学对两个侧面进行了诸多扩展。然而，仍有问题留给我们：如何重新把握这两个侧面为"人伦体系"？作为人间之学的伦理学恰好与此发展方向一致。

"人伦体系"留给我们最大的问题是人伦的绝对整体性问题，在"有"的立场上终究不能解决这一问题。近日，西田哲学

180

在"无的场所"中论述"我与你",为我们解决此问题指明了正
确方向。①

注释：

[1] Die Deutsche Ideologie，›Marx-Engels Archiv‹ 1. Bd.，S. 238，
290，247，etc. 三木清，第 47、117、60 页等。

---

① 西田在其《场所》和《我与你》等论著中陈述了其"场所的世界观"和"我与
你"的人间观，从本书的论述来看，和辻哲郎的观点也受到西田的巨大影响。参西
田几多郎：《西田几多郎哲学论集 I》，上田闲照编，东京：岩波书店 1987 年版。

下编

作为人间之学的
伦理学的方法

12．人间之问

　　所谓伦理学就是对"伦理是什么"的**提问**。一般来说，"提问"是人间一种行为性的存在方式。我们逐渐认识到，伦理学必然是人间存在之学。于是，在"伦理是什么"的提问中，伦理学自身便已经是人间的存在，因而，它成了"被问之事"。决定伦理学方法的第一个要点便在此出现。

　　如何理解"'提问'是人间的一种存在方式"这个命题？它以何种方式决定伦理学方法呢？

　　我们在上编中看到，"人间"既是"世之中"自身也是在"世之中"的人，所谓人间是在一定**间柄之中**的我们自身。因而，我们就不得不在**间柄之中**把握提问一事，把它看作"人间"的存在方式。本来，所谓"学"或所谓"问题"，并非离开人间的观念，也就是说，它不是在它自身中成立的知识。它是学习、仿效和寻访，是**人间的**行动。在这里，学习并被提问之"事"是我们探求的目标，与此同时，此探求也在学习和提问这样的**人间关系之中**发生。因而，所谓"学问"就是探求性的间柄，可以说，被探求的"事"公共地存在于人间的间柄之中。这意味着，从根本上来说问题乃是"人间之问"。

182

围绕此问题的结构，我们从海德格尔处受益良多。在他看来，问题就是探求。探求由被探求之物决定方向。所以，问题是对某者/某物（もの）提问①，它有"被问**者/物**"（問われるもの）。但因为问题问的是"此者/此物是什么"，所以它的目标同时是"此者/此物是什么"之**事**。也就是说，问题有"被问之事"（問われること）。尤其是在理论的问题之中，被问之**事**必然被带到一定的概念面前。因此，被问之事就是"如何说**事**"（所说**何事**，どういうこと）②，它是问题本来的目标。所谓"说之事"（いうこと）意味着"**事**"。因此，除了被问之事外，理论性的问题也含有"事"的含义。又及，问题总有"提问者"。所以，问题是提问者的态度，它拥有特殊的存有方式。既有漫不经心（上の空）的问题，也有刨根问底（根ほり葉ほり）的提问。

恐怕没有人不承认上述问题的结构吧。但是，通过上文的分析，我们又找到尚未被充分规定的一个契机——"被问**者/物**"。问题确实是在**某物**③中询问**某事**，然则问题更是**朝向某人**的（何者かに対して向けられている）。④在这种情况下，问题朝向**者/物**（もの）与被问**者/物**（もの）是同一的。问

① 和辻在此处用了"もの"，此词的汉字既可以写作"物"，也可以写作"者"。在下一页中，和辻分别用汉字"物"和"者"表示"もの"。
② どういうこと字面意思是"所说何事"，又是"如何说事情"，它是询问"发生了什么"时的常用问句。
③ 此处和辻的原文即"何物"，意指"物"。
④ 此处和辻的原文即"何者"，意指"人"。

友人是否安好就属此例。就如"问安"所表示的那般,提问的本来意义是朝向人的问题。也就是说,被提问的乃是表达"提问者"和"被提问者"间柄的某事(何事か)。"问安"或"问讯"是问以何种存有方式保持当下被问者的存在(即提问被问者的感受、情绪)。但与此同时,它又表达了提问者的关心。因而,"问安"或"问讯"显示提问者与被提问者之间存有间柄。所以"问安"就是"打招呼"的意思,仅作为间柄的表达,它也能把被问之**事**放在从属地位。在"访问"的意义上询问别人,也是相同的状况。在作为实践的行为关联的问题中,更有对第三者提问的情况,如此,就有脱离两者的某者/某物被放置在被问者和提问者之间。此处就形成了关于某者/物的问答关系。在问题中我们能够区分**提问者与被问者**、也能区分此间**被问的物及被问的事**——这正是"人间之问",在它之中,提问者在提问,同时问题对被问者而言也是存在的。也就是说,**问题共同地存在**(問いが共同的に存在する)。只要问题通过语言和举止被表达出来,它便已经拥有共同的特性。尤其是在理论性问题中,被问**之事的含义**被看作问题。在此情况下,共同的特性必然伴随着理论问题。此处,"所说之事"(いうこと)即在人间语言之中的表达之事才是问题,因而理论之问也是人间之问,并非被孤立的个人之问。

我们就需像上文这般阐明问题的结构为**人间之问**。不存在被问者,人形单影只地提问,这是人间之问的**缺失状态**。本来,人们也可以在内心深处抱有疑问:不管有多少人,都没有什么共同可言。但是,当疑问仍然是一种模糊的情绪,无法形成举止、语言或概念时,便还不是问题。如果它已被举止表达出来,或者在语言之中被我们捕捉,那么无论它如何潜藏在内心深处,都业已通过表达或语言参与了人间之问。它被放置在人之间,同时又原原本本地得以直接成为共同之问。所以,**本质地说**,共同之问也可以不显示出它的共同性。但是,如果没有本质上的共同性,问题就不存在。

学问之问是**人间之问**的理论层面。也就是说,它们共同地问"事的含义"。然而,在近代哲学的出发点,共同性被旗帜鲜明地抛弃了。对于文艺复兴的人间而言,以世界为目标的(世界を狙うもの)乃是每一个主体、是个人。人在"孤立的个人"对"自然"的立场中投身学问的探求。近代哲学转向主观并返回自我,其落脚点乃是把问题把握为个人之问。

笛卡尔像下面这样开始自己的思索(*Meditationen*, S. 9—25.):我从小就把虚伪看作真实。所以,若想**在学问之中捕捉到确证无疑的事物**,就不得不从根底处重新做起。现在,我**从世间的烦忧之中解脱**,在**孤独的隐居之中**使自己置身能够安静思考的环境。于是,就要认真地从事一些颠覆自己迄今为止思考的工作。迄今为止,我认为最真实的事物是由**感觉接受**的。但是,感觉往往会欺骗我们。所以,就得怀疑通过感觉而知晓的一切事物。我在这里以肉体形式存在也绝不是确证无疑的,因为,我也能在梦中同样感受到这些事实。天、地、颜色、声音,或我的手脚,也许都被误认为"有"。但是,只有我在怀疑一事是确证无疑的,也许我这么认为也是受到欺骗的结果,但此处被骗的自我之"有"却又是确证无疑的。我怀疑,所以我被骗。这就是说,**只要我思考,便有一个我**。我是**思考的物**(思うもの,res cogitans)①,所谓思考的物就是怀疑、洞察、肯定、否定、想要又不想要,还拥有想象与感觉的物。这样作为"思考的东西"的"我",同时也是"真正有之物"。因而,**对于那些想在学问中捕捉到确证无疑的事物者而言**,上文所言"自我"从一开始便被给出,它才是唯一确证无疑的。主观拥有直接的明证,在确证性上要比客观更胜一筹,客观只是被中介时才成为确证无疑的。只有在自我的思维中,**"物是什么"**的问题才能被理解,甚至"他者"的认识也不例外。透过窗户看街上的行人,**我们**就说**看人**。但看见的只有帽子和衣服,或许被包在其中的是机械,然而我们**判断这是人**。这不是看,而是去判断。所以,即使"他者"也只是在被中介的状态下**才有**。

笛卡尔的思考强有力地支配了近代哲学,哲学的起始是自我,问题从自我而出。"他者"与"自我"不过只是基于上述前提才能被"认识"罢了。这些话恐怕已经成了哲学的常识。但是,在他的考察过程之中,我们可以寻得"人间之问如何被转化为个人之问"的答案。如笛卡尔自己明言,他的问题乃是**"在学问之中什么是确证无疑的"**之问。此问题以一常识性立

187

———————

① 或译为"思执""思维物"。

场为前提:把感觉直接当成确证无疑的。人们在此立场中相爱相恨,它是世间的烦忧。因而,为了进入上述问题,笛卡尔就得离开形成世间烦忧的立场本身。所以他认为,"孤独的隐居生活"乃是提出上述问题的必要基础。他不仅明言了这一事实——据他的传记所载,在思索的时期,他为了远离社交活动而搬了十三次家。他将自己置于"孤独"中,使自我与对象对立,问"自我"与"对象"之中哪一个是确证无疑的,这便是他的问题的立场。这立场脱离实践的行为关联的世间,采取仅观照一切的态度。因而,它并非直接被给与的、反是被人为地、抽象地制造出来的立场。换言之,它是通过切断自己与人间关系,使得自我独立出来的立场。然而,站在这一立场上,自我就是绝对确证无疑的,现实作为自我登场亮相的舞台是足可怀疑的,个人之问便在此处成立。

188 　但是,如果确证无疑地"有"的仅仅是自我,他者只有借由判断充当中介才"有",那么,人们本就没有必要脱离世间的烦恼。总而言之,世间的烦恼都不该形成。在怀疑的"我"成为确证无疑的之前,正因为我与他者之间的爱恨是现实的和确证无疑的,所以世间才有烦恼。换言之,在观照的立场以先,已有实践关联的立场。笛卡尔一边从后者中引出前者,一边又斩断了前者的根系。

　但是,即使站在观照的立场之上以自我为出发点,所谓"这是个人之问"的命题也只是一种假设,实际上,它就是人间之问。因为笛卡尔的问题是探求**在学问之中**确证无疑的事物,从而怀疑自我以外的一切,在这样的情况下,他却没有怀疑在学者之间存在的、共同的学问。笛卡尔也站在苏亚雷斯、司各脱和托马斯·阿奎那等思想的涌流之中。因此,"在学问领域思索的自我"在认为感觉的一切对象应被怀疑的前提下,把同样提出"什么是确证无疑的"之问的其他学者当作了对话的对象。即使笛卡尔的方法论怀疑是全新的思想,它也是作为历史和社会中被提出来的**学者之间的**问题,不是从唯我论的立场发出的。因而,在"我"是确证无疑的之前,问出"什么是确证无疑的"**学者的间柄**必然是确证无疑的。因而,作为学者的他者即学者的伙伴(仲間)等,都是"有我"①的前提。也就是说,笛卡尔之问在本质上也是人间之问。

189

这样,我们就不得不承认,在"我怀疑"的根底之中业已存在人间之问。我不只是我同时也是人间;我的意识不仅是我的意识同时也是共同的意识。语言的现象明确地呈现了这一点,在用语言给怀疑塑形的时候,此怀疑早已是**共同的怀疑**。所以不能把"自我"当成出发点,反要把"人间"当成出发点。在本质上,问题是共同之问,即便自我的问题也是共同之问。在探求"人间"的规定时,即便哲学家们已经做了一些预处理,例如把人从社会中孤立出来理解为"自我",但孤立化的思索自身也被看作共同之问。对我们来说,不被思索为共同之问的问题,只不过是完全无法触及的问题。

---

① 此处和辻原文为"我有り",即笛卡尔所谓"我思故我在"的"我在"。

　　在本质上,问题是共同之问、人间之问,这些问题乃是人间的存在方式,伦理学是人间存在的根本结构之问。但是,伦理学想要在人间存在的**一种**方式中整体地显明人间存在自身。我们制造出"问伦理"(倫理を問う)这样**一种**人间关系,想要在其中从根源上理解人间关系自身。在被问之事不是伦理,从而也不是人间存在的情况下,我们能够不看"提问"之间柄,只将目光投向共同被问之事。但是,在"问伦理"的场合,并不存在这样的分离。这便是伦理学的方法的第一个特征。

190

13. 被问的人间

　　作为人间之问，"伦理是什么"的问题已意味着间柄。在此处，被问之事是人间存在，因而是间柄的存在。然而，问题之中更有"被问者"。在"伦理是什么"之问中，被问者乃是人间。人间就是在一定间柄中的我们自身，而在这里，提问者与被问者一样是人间。人间是行为的主体，不只是观照的主体即主观，也不只是观照的客体即客观，故而，主客观的对立关系在此并不适用。我们一定要将人间把握为实践主体，这便是伦理学方法的第二个特征。

　　但是在学术认识（学的認識）中不承认主观与客观之分别，这又是如何可能的？

　　关于这个问题，可以看到这样一种观点。持这观点的人主张，甚至在认识论的范围中，都无法适用主客观的对立关系，因而，认识论不应是一种"有论"。海德格尔是这观点最明显例证，他欲站在现象学意向性（志向性）的立场上颠覆后康德时代被广泛承认的认识论。虽然海德格尔的观点完全站在个人意识的立场的考察，没有站在人间的立场上，但却给我们的考察带来了诸多启示，其想法大致如下。

191

按后康德时代被广泛承认的主客观关系理论，我们认识的前提是主观的统一。就算我们问"主观是什么"，此问题也已经基于主观的统一。因而，认识的主观便绝对不能成为认识的客观。欲捕捉认识的客观就需无限后退，因而，认识的客观是无法到达的极限概念。但是，这类主客观对立实际上基于这样一个事实：我们无法解释意识的意向性。一方面，"我"在这里被立为"主观"，另一方面，"物"被立为"客观"。我以我看、我思的方法与此"物"发生关系。因而，"我"在与"我看""我思"产生关联以前既已作为"我"存在，"物"在被看到、被思考之前就已作为"物"存在。因而，两者的关系依存于两者各自独立的"有"。但是，如何能找到关系成立以前既已对立的两者，即"我"与"物"呢？这是不可能的。"我"必然是拥有对"物"有意向关系的"我"，"物"必然是在这关系之中被看到的"物"。"我"与"物"并非先在于关系，关系反而是在先的。因而，只有在意向性的基础上才有意向者和被意向的物，从而，主客观才相区分。如此观点也可以解释为把"物"当作被意向的"物"使它**主观化**，但实际并非如此。"被意向"不存于**主观之中**，被意向的"物"是与主观对立的对象，完全在**主观之外**。若不在与主观的联系之中，就找不到在主观之外存有的"物"。因此，只要"物"是被意向的，**客观就是主观的**（客観是主観的である），只要"我"仅在对"物"的意向之中，**主观就是客观的**（主観是客観的である）。主客观截然对立的关系在此并不适用，构成两者根底的都是意向性。更进一步，使意向性成为可

192

能的乃是人的存在。

从上述想法出发,主观与客观的对立终归是我与物的对立,人间存在是使此对立可能的基础。然而,人间不该是与认识主观相对立的单纯客观——正是康德本人明确地承认了这一点。在康德那里,与认识主观相对,认识的客观完全是"自然"而不是"人"。就算把人对待为经验的对象,那也是**对待为自然物的人**而不是本来的人。在他那里,本来的"人"不能成为"认识"对象,他认为所谓"认识"就是**理论**理性的使用。也就是说,认识就是将客体及其关系观照性地放在面前并观察它们。所以,观照的主体绝不能进入观照的视野。但是在**实践中**,理性使用的问题并不在客体的观照中,被问的只有进行实践的主体,该主体完全被实践地规定为主体。康德把它处理为**实践**的道德形而上学,只在这里寻求人的**整体规定**。如上文所述,所谓人的整体规定是在经验及理智的双重特性中规定"人"。主体性自我规定**在实践中**显明——康德从这一**直接意识的事实**出发,通过分析此事实得到这规定。也就是说,它是业已在实践中被执行之规定的理论反省。这便是康德把人捕捉为实践主体时所采用的方法。

在这种意义上,伦理学自古以来就是**实践的主体之学**,与理论的客观之学相区分。所以,自古以来,人们就承认,伦理学不是在认识主观之中形成的学术认识。在此处出现的新问题之焦点集中在一个要点之上——实践的主体并不是"人"也不是"我",而是"人间",是间柄。

193

194

作为实践主体的"人间"是什么？"人间"是在一定间柄之中的我们自身，"我们自身"就是实践的主体。在间柄之中，你—我或他—我互动（働きあう）时，实践的主体并不陷入主客观的对立中，此处有"你是我—我是你的你"一类主体性关联，正因如此才产生出"我们"。为了把"我"当作"我们"，完全站在"主观之我"立场的人不得不解开极端困难的"其他的我"的认识之谜团。然而，在想出"物"以前，我们已经是我们了。在我的意识产生时，作为"人间"的实践关联已经一并向我传授了"你"和"他"都是"我们"的事实。在我们之中的某人在某时于某种关系之中被称作"你"或"他"。即便如此，这一事实却丝毫不妨碍其中总是存在着的"我们"。在日语之中，"我"（我れ）这个词能够用作表达"你"（汝）的含义，绝非无根据的胡说。

"我们"的立场是**一切都作为主体**而相互关联的立场，它不外乎是主体性的间柄。因而，间柄是"对方相互地是主体"之事实的实践性领会。"有行为关联"与"相互领会"是同义词。我、你和他的关系，以此间柄为基础展开。不在间柄之中者（間柄にないものは），既不能成为"我"，也不能成为"你"。

将人间把握为间柄，给在意向性之中的"物—我"的关系带来了新的光照。在间柄之中，人间成为"我"，而我又在我的独特性质中表现出间柄。因而，物我关系的真相是"在间柄之中的我"与"物"的关系。对物产生意向的乃是"在间柄之中的我"而非"孤立的我"，意向本是**共同意向**，在我这里，此共同意

195

向就成为**我的意向**。如此观点为现象学所不容,因现象学把个人意识当作其问题。然而,例如我们能够将"看"当作问题,乃是因为"看"不仅是我的事情,相反,这事情对我们来说乃是共同的。甚至个人之"看"的差异也只在其共同性基础上才能够显明。一般来说,意向性问题是我们之间共同的问题,这样的说法已承认共同意向的存在。在这层意义上,作为"物"与"我"之对立基础的意向性业已属于人的间柄,一切"物"都是在意向性之中被找到的。它包含了这样一种含义:最初"物"在人的间柄中寻得。此处,我们便能得出一个重要观点,它能让我们了解到主体的间柄如何**客观化**自身。

196

但是,意向性完全是使对象成立的基础,它不是间柄自身的结构。在意向性之中,被意向者不意向,意向作用不被意向。但在间柄之中,被意向者却意向,意向作用也是被意向的。因而,意向作用自身从一开始已被"被意向之事"规定。例如,我们看意向之中存在的"物"时,被看到的"物"完全是意向相关项而不是意向行为。所以,"看"的意向作用,并不反过来作为意向相关项的"物"被看到。然而,在间柄之中看"某人"的时候,被看的人自身也是"看"之动作的发出者。所以,被看者也要反看"看"某人的意向作用。这就意味着,"看"这一动作并非单纯的意向作用,而是在间柄之中的互动。因而,通过"相见"(相见る)、"凝视(别人的)眼睛"(目を見つめる)"怒视"(睨みつける)、"移开视线"(目を逸らす)、"避而不见"(目をそむける)、"垂头俯视"(目を伏せる)、"盯着看"(見入る)、"看入神"(見入らせられる)等各种各样的"看法",间柄的各种样态活灵活现地被呈现出来。人与人之间的"看"显示出一方发出的"看"的动作本身从一开始就被另一方发出的"看"的动作规定,"看的作用之关联"成为了一切"看"的基础。〔当然,在这场合中亦有关联的缺失状态存在,如由**不被**对方**"看"**规定的"看法",旁观(傍観)、窥视(垣間見)等等都属于此例。〕如果意向作用完全是意向行为和意向相关项的关联,那么像上面这样展示出本有的相互关涉的"看法"便不能是意向作用,因为它早已不是单纯的作用而是"行为"。所以,我们在具体地做"看"的动作时,实际上我们在行为(行為する),不只是施行意向作用。所谓意向作用,其实是将一切间柄的契机从行为之中排除出去,只留下调和的意识作用。不仅是对于"看",对于"听""嗅""尝"和"摸"或者"欲求"和"感受""领会"等一切作用,我们都可以这么说。

区分意向性与间柄的做法进一步阐明了"间柄是行为关联"这一命题的意义。"行为"不应站在"我"的立场并只从意志出发来论述,它是这样的运动自身:相互分离的自我与他者在"自他不二"之中形成"间柄"。因而,行为不仅含有"我"的意图和决心,它最初便含有对其他主体的领会。若非如此,我们都不能做出如"垂头俯视"一类的"看法"。当然,领会既有正确的也有错误的,然而,总体而言,若不为其他主体所决定,一切行为都无法进行。在这种意义上,行为已经含有无限多的领会。正因如此,作为行为关联的间柄也就此成立。并且,有间柄的地方必然能够产生**语言和行为方式**。

每当我们说"伦理学是实践的主体之学",就要如上文那般,将"主体"理解为**实践性的间柄**,在伦理学中被问的人间正是这类**主体性间柄**。至此,伦理学不得不将这样的主体完全把握为主体。如此伦理学让我们暂时背离经验科学的一切道德学,也背离作为主观意识之学的一切道德哲学。被问者完全是主体的人间。

14. 作为学科的目标

被问"者"乃是人间。但是,伦理学之为"学",它问的是所谓伦理"是什么"。"人间"在其存在之中拥有使"人间"具有可能性的某种方式,此存在方式就是伦理。从而,我们一定要明确被问者人间究竟有何种存在方式,若此,就不得不以"**是什么**"的形式来回答它。存在方式自身只在**行为之事**(行為すること)中显明。学科是行为中极为特殊的领域,它站在理论反省的立场,不得不将存在方式翻译成一定的"**是之事**"(であること),这便是在伦理学之中被问之"事"。这是决定伦理学学科特性的第三点。

首先,我们需要明确的一点是,伦理学的目标并不是"者/物"(もの)而是"事"(こと)。

我们说过,伦理学不得不将主体的间柄完全把握为主体,这是由于所谓人间这样的"者"无法充当客体或者对象。所谓"人间"是我们自身,不是与我们对立的什么。我们既在理论的即观照性的反省中,又没有应当观照的对象。那么,我们如何能够把握我们自身呢?

若我们不能成为非我们自身者与我们自身相对立,那么,上述反省就是完全不可能的。所谓"反省"就是通过与他者碰撞(突き当たって)回到自己。之所以能够回到自己,乃是由于他者本就是自己本身。我们是我们本身的主体,所以看不到它,然而,主体通过**站出来**便能成为"客观"。因此,作为主观,我们也能与客观相对立,通过客观来理解主体自身。因而,为了在主体上把握人间这一主体"者",就不得不走过非人间的"物"之路。这是将"物"看作表达,即处理为**站出来**的我们自身的一种立场。

不将"物"对待为"物"反对待为"表达",是我们在日常生活中对待物的方式。我们把在四周找到的"物"对待为"桌子""房间"和"家"即对待为道具。所谓"道具"是我们生活的表达,因而可以说,只要不故意使"物"的道具性抽象化,"物"就是表达,就是**站出来**的我们自身。

站在此立场,在问"此物是什么"时,我们的目标是此物的"是之事"是什么。例如,回答"是桌子"便达成了目标。是桌子之事(机であること)就是这一物的**存有方式**,并非此物自身,其存有方式正是"道具"。这一问题的目标是生活在物**之中**的表达。

作为人间存在之学,伦理学的目标是论述一切"物"中的人间生活的表达。道具自不必说,举动、语言、动作、作品、社会制度等尤其显著的人间存在之表达,都是经由它们进而理解实践主体不可或缺的通道。在物之中所表达的并不是人间这一"者",而正是**人间的存在**。"是桌子之事"(机であること)表达的是在此事中,人做了某种劳动或享乐。举止表达的

200

201

是人与人之间的某种关系，人间这一"者/物"（もの）在他的存在之中，并非离开存在的实体。因而，一切表达是在实践间柄中主体性存在的表达。

另一方面，它也驳斥了一种立场，这种立场认为，表达只是个人主观的体验之表露（表出）。个人体验的表露先在于间柄，以表露为中介，自我与他者之间的领会和间柄就此成立。若是这样，从根源上来说，在不预料与他人之间柄的前提下，也一定有生命之表露。这样的表露并不期盼他者的领会，因而，它不能在自我与他者之间充当中介。表达之所以被领会，乃是由于它把间柄当成自己的基础并产生出来。所以，在间柄之中，自我与他者相分离，在其分离中，自我与他者同时也被领会为"我们"。因而，即便"表达"看似是个人体验的表露，实际上反而显现为个人的间柄之表露。

通过被领会间柄的表达使间柄自身发展起来，间柄成为自觉的存在。通过外化、表达自己，人间存在不断地自觉形成自己。所以，尽管在根源上说，没有不把间柄当作基础的表达，但也有以自我与他者的表达为中介而形成的间柄。具体的人间存在是表达和间柄之层次的无限重叠。

作为实践性行为性的间柄，人间存在已经包含了无限的表达与领会。因而，此表达在其自身之内包含了无限多的其他表达与领会，我们可以列举出它从单纯的、最初存在之表达到无限复杂之表达之间的无数阶段。

伦理学着眼之"事"乃是在上述表达之中显示自身的人间

的存在方式,实践行为已在无数层次中领会了它。换言之,其存有方式已经为实践行为所**自觉**。从而,伦理学恰当地把领会与自觉当作如此这般的**是之事**(しかじかであることとして),并复原它们为"事"(「こと」に引き直せばよいのである)。

至此,问题的焦点就转移到复原存在方式为"是之事"(であること)。我们究竟为什么要去问伦理"是什么"呢? 又为何想要把学术目标放在"是之事"(であること)上呢? 在这里,我们与"である"(是)的问题相遇。

"である"(是)本身是"あり"(有)的形态之一。但是,在古日语中,与"である"相匹配的却是"なり"(にあり)①和"たり"(とあり)②。也就是说,它们是与"に""と"等助词黏合、惯用化的"あり"。在"あり"被使用为系词时,它明确地把自己与原本的"あり"截然区分,这又是为什么呢?

山田孝雄③将"あり"这个词单独处理为**纯粹**形式用言④,并且给了它"存在词"之名。它本来只意味着**有**事物(物事があること),但其"有"(ある)的含义变得抽象化和精神化,于是它就成了只表现思维形式的词语。因而,它**在根底上"表现人间思想的统觉作用"**。主要用于表现这种作用的是"使宾语

203

---

① 古日语,表达事物或人的状态,后演化为"なり"。
② 古日语,表达事物或人的身份,后演化为"たり"。
③ 山田孝雄(Takao Yamada, 1873—1958),日本语言学家、历史学家、文化学家,代表作《日本文法论》、《日本文法讲义》等,创制"山田语法"。
④ 日语语法中,"用言"即可屈折,有"活用"的独立宾词,包含形容词、动词和形容动词,与"体言"相对。

和主语结合，构成句子决定性要素"的"あり"的系词（copula）用法。在此场合，"あり"借由"に"或"と"一类助词与宾语相接，与这些助词黏合、惯用化，变为"なり"和"たり"。

依此见解，在"有事物"（物事がある）含义之中的"あり"①是这个词原本的用法，与此同时，表现统觉作用的"である"也成了根底性的用法。我们重视系词的用法，但在我们说"有事物"（事物がある）的情况下，我们依然使用此词语的本来形式"あり"，用作系词，则要变为"なり"和"たり"的形式。不仅如此，无论再怎么抽象化和精神化，在"がある"（有某物）中，あり（有）的含义皆无法转化为"である"（是）。所以，不能像山田那样，把日语之中系词的用法看作是根底性的。

与其思考 sein 这类不对"がある"和"である"作出区分的词，对我们当前面对的问题而言，毋宁说，思考"あり"这类一旦作系词就改变形式的词语会更有启发意义。因为在这里，系词"なり"和"たり"都借着助词限定"あり"。最为显著地展示这一限定的，就是类似"风是静的（風静かなり）"一类宾语是副词的状况。"安静"（静か）这一副词②借助"に"限定了

<hr/>

① あり用在句子中表现"有"时即取がある（一般式）があった（过去式）等形式，与前文的である表达"是"相似，都是あり前接助词的变体。

② 实际上，在现代日语中，静か更多地被看作形容动词（日语中一种特殊的词性，以名词为语干，后接なり或たり即为形容词，后接前者的变体に或后者的变体と即为副词）。此词表"安静"之意，后接"な"时（即"静かな"）表示"安静的"，为形容词；后接"に"时（即"静かに"）表示"安静地"，为副词。"形容动词"的说法（源自现代日本语法分类之一"桥本语法"）对标准日语语法的影响主要在战后才开始（"学校语法"采用了"桥本语法"的说法），如上文所见，和辻撰写此书时显然参考了另一种语法分类即"山田语法"（山田孝雄创制），故将此词看作副词，亦无可厚非。

"あり"。不仅仅是有风(風がある),而是**风静静地有**(静かに
ある)。"静かなり"(风是静的)显示了风的"存有样态",不能
说它表现了统觉作用。如此"なり"与山田归类于形容动词的
"あり"(……くあり)①没有任何区别。"风曾猛烈"(風烈し
かりき)②同样展示了风的存有方式。山田虽然承认"あり"
拥有"がある"的含义,但又主张它绝不是事物本身**有**,反表示
它"对属性之主体的依赖"。但是,"风曾猛烈"(風烈しかり
き)清楚地展现了**曾有**风这件事情,并不只是说"猛烈"的性质
依赖于"风"而存。从而,这也显示了与形容词黏合、惯用化的
"あり"也是被限定的,与"风是猛烈的"(風猛烈なり)之中的
"なり"别无二致。"风是猛烈的"(風猛烈なり)这一命题与"S
是 P"(SはPなり)的标准命题实际表述的是同一种状况。

205

系词"あり"能否被一般地看作"がある"(有)的限定呢?
我们可以回答:"诚然如此"。最具代表性地展示出"S 是 P"(S
はPなり)命题形式的,乃是宾词作体言③的句子。即便我们
看这类情况,例如"他是学生"(彼は学生なり),这句话表示
"他"的"有"被限定为学生。甚至"所谓学生就是学习的人"
(学生とは学ぶ者なり)一类分析命题中,同样,学生的"有"被
限定为学习之人的"有"。即便关于非实在之物的判断也是一

---

① 意为"……地有"。
② 此为日语古文,即粘合了風烈しくありき的く和あ为か。ありき是あり
的过去完成时。
③ 日语语法中,"体言"指的是没有屈折即词尾变化的一类词语,包括名词、
代名词、数词等,与"用言"相对。

样的,"幽灵是错觉影像"(幽霊は錯覚像なり)的命题既说出幽灵并非实在,也说了此幽灵在错觉影像之中**有**。有幽灵是,只因"有"被限定为错觉影像的"有",所以同时,幽灵就被褫夺了作为实在物的"有"。所以,甚至在这类情况下,命题也都是两种观念的结合,不能说它不包含"がある"(有某物)的陈述。

那么"AはAである"(A 是 A)的自我同一律(自同律)① 又如何呢? 在此情况下,问题不是**有没有** A,而只是"である"(是)的**必然关联**。从而"である"完全与"がある"分离,纯粹地表现出统觉作用。如果 A 被设定,那么它当然是被设定为 A 的。也就是说,"である"是绝对的设定,在日常语言中并不存在这类自我同一的命题。"他就是他"(彼は彼なり)和"学生毕竟还是学生"(さすがに学生は学生なり)所表达的并非同一律,其反而更加强力地、是其所是(それとして)地限定了"他的有"或"学生的有"。他**就是**他,所以,他与我的意见相左,那也是没办法的事儿。学生**毕竟还是要有学生样**(さすが学生は学生だけのことはある),与其他人的存有方式不同,这两例都是通常的用法。所以,离开"がある"去洞察绝对的整体的做法并不真实存在(本当でない)。自我同一律被看作一个问题,乃因我们站在如此立场上:对"がある"的怀疑占支配地位,因而命题的真实性值得怀疑。人们相信**有**幽灵,但是

① 逻辑思维的三大基本规律之一,其他两个基本规律为矛盾律和排中律。同一律的意思是,在同一思维过程中,一切思想(包括概念和命题)都必须与自身保持同一。

这种"有"是可疑的,因而对于幽灵的判断是可疑的。应往何处寻求确证无疑的事实呢? 应在"幽灵是幽灵"(幽霊は幽霊である)的命题中寻求。不管有没有幽灵,此命题是绝对确证无疑的。但是,这种思索容许其前提即"**有观念**"之事实及其观念与它们指示的事物分开来。如果 A 是被设定的,也就是**有** A 的观念,那么它就**作为** A 的观念而**有**。它与"有没有 A 这一事物"没有任何关系。这就是自我同一律所表达的。所以,我们的观察也于此适用。

如此看来,系词"である"一般地限定了"がある"(有)意义上的"あり"。但是,此限定究竟是什么? 有事物或观念,但它们仅仅是"有",没有自发限定的动作,只有人间做这类动作。"红色作为红色限定自身"一类的表述,无非是投射人的动作到红色之上,把红色看作红色,并与其他颜色区分。所以,事物与观念被限定为"**是某某物**"的存有方式,这实际上是人间的所作所为。上文提及,"**有物**"就是物被人间**拥有**(物があるのは人間に有たれることであり),因而,事物的"有"基于人间的存在。"有り"(有)的限定是拥有事物和观念的人间之拥有方式(有ち方)之限定。人间拥有风即**有风**。人间拥有能够被静静感受的风,也就是说,风**是**静的。人间也突出风的特点以拥有它,"风毕竟是风啊"。如此种类繁多的拥有方式无非是人间的存有方式。如此看来,"有"(がある)和"是"(である)的区别是人间存在的内在区别,因而,如果我们承认两者根底处根源性的"有",那么,它便是人间的存在自身。严格

207

179

意义上，仅在此处，"あり"才表示"存在"之意。

如上所述，我们可以把"あり"一词看成是人间的存在之示现（apophanēsis），它被"がある"和"である"一分为二地区别使用。因着这种示现，"である"在学术之中尤其意义重大。通过它，我们便能够理解为何要在学术中将"是之事"（であること）当成目标。

"である"如何显示存在？我们要在"あり"起系词作用的场所即"陈述"之中进行阐明。所谓"陈述"是**人间的存在之表达**，人间在对某事进行陈述时也表达他自身的存在，所以陈述借由"あり"表示。例如"Sがある"（有 S）在陈述 S 的同时，表达了人间**拥有 S 之事**。所以，在陈述中，人间存在已经被在先地给与。所谓陈述①就是**延展**（のべひろげて）和表达出这一存在。在延展时，它**被分为**各种各样的词语，分开的词语又被**结合**。反过来说，在结合之前有分离，在分离之前就有要被陈述出来的存在。

因为在结合之前，每一独立的词语已被给出，同时，也因只看到了结合的契机，未看到在结合以前已有分离，所以有人会把"あり"看成仅用作结合的词语。持如此立场的人没有办法说明一种现象：在**展开/陈述**某事（何事をのべる）②时，要

---

① 日语原文为"陳述"。其同义词述べる（noberu）亦可写作汉字"延べる"，即"延展"之意。

② 同上问类似这里作者用的のべる可以写作"述べる"或"延べる"，既对应了上文"展开"的意思，同时のべる也可以写作述べる即陈述。

先去**寻找词语**(言葉を探す)。尽管此处尚无有待结合的词语,但应被展开之"事"已被给出。在分割"事"为多种多样的词语之后才有可能进行结合。然而,即便被分割为词语之后,在"Sがある"(有 S)的陈述中,"あり"也不是用作结合的词语。即便有待陈述之"事"被分割为"S"与"がある"(有),陈述依旧是成立的。

在陈述之中,更重要的契机与其说是结合,毋宁说是分离。"あり"所表现的结合必然基于分离。日语表达理解的词语是"分かる"(区分/知晓)①,而表达被理解之"事",用的是"ことわり"(判断)②,表达话说得易于理解,用的是"ことをわけて話す"(把事分割开来说)。本来,我们之所以能够如此把它分开,乃是由于在"事"(こと)之中原本就有应被分开的结构。所以,理解就是知道"事的分割"(ことの分け),而不是知道"没有区分/没有缘由的事"(わけのないこと)。③但即便已存在"分割"("わけ"),在被理解之前仍未被区分/知晓(分かっていない)。所以"理由/分割"(わけ)是**具有有待区分之结构的统一**。"理解"是区分之并将它重塑为**区分的/知晓的**(分かった)**结构**。在这过程中,区分的方法并不是将其区分

209

---

① 作者在这里将わかる的汉字写作分かる而不是解る或判る,就是因为分かる同时有"理解"和"分离"双重含义。

② ことわり的原意是把事分开,它是こと(事)和わり(割,分开)的结合。

③ ことの分け即"事的分割",也有"事情的缘由"之意;わけのないこと即"无缘无故的事",其字面意义是"没有分开(わけ)的事情",下文所述之わけ兼有"缘由"和"分割"之意。

为一个个独立部分，反是为了展现原有的统一而区分。因而，分离意味着**原本统一的自觉**。

"区分/知晓"（分かる）的乃是统一的自觉，因而，在分离自身之中，原本的统一显示出来，最为明确表述这一事实的是"である"（"是"）一词。在我们说"**S 是 P**"（SはPである）的时候，它们被分割为 S 和 P 的事件已是两者原本统一的自觉。正因如此，两者由"である"（"是"）结合起来。所以"である"（"是"）的结合是在分离中被自觉到的统一的表达。**只有在统一、分离、结合的关联中才能成就统一的自觉**。我们使用"**我知晓** S 是 P/**我区分出** S 是 P"（SはPであると分かった）一类表达，乃是因为结合即分离。

人间存在的根本图式正是在统一、分离和结合的关联中的统一之自觉。因此，在语言中表达人间存在时，陈述如其所是地描摹了人间存在的结构。这又是为什么呢？我们可以从陈述的本质出发来回答。

所谓"陈述"是人间的存在之表达。然而，所谓"人间存在"是在间柄之中的行为关联。如此，此行为关联已包含无限的表达和领会。因而"わけ"（分割）已经是行为性地理解，并用语言表达出来，如此表达便是陈述的根源性形态。若没有间柄，人间就说不出**有物**或者**物是**什么。在共有此"物"（その「もの」）的间柄之中①，为了按照此"物"实现自我与他者的关联，我们才去表

---

① そのもの一方面有"本身"之意，另一方面，在字面意义上它表示"这一物"。

达"物"。尽管我们也可以用举动和动作来实现这种关联，但语言才是最发达的表达手段。借助语言进行表达时，有待实现的自我与他者的关联是最容易被实现的。所以，"表达"即陈述在根源上是**间柄的表达**。在陈述中，间柄的"分割"被最为细致地分开并铺陈出来（細かにわけて陳べひろげられる）①。

在间柄的表达中，甚至在举动和动作之中，这一**间柄业已**先在地被给出。即便这一间柄通过表达得到了发展，也不是借由表达才能形成。就算是初次见面的问候，如果没有在打招呼之前给出"第一次认识对方"的间柄，那么，问候作为一种表达就没有意义。表达就是这种先在之间柄的客观化。因而，表达之所以被分为各种各样的形式，不外乎由于**区分**已在间柄中存在。换言之，在间柄之中，既已**实践地和行为地区分/知晓之事**（すでに実践的行為的に分かっていることが）在各自的表达中被客观化了。

在间柄之中既已实践地和行为地区分/知晓，这又是什么意思？这就是说，自我与他者既相互分离，又作为间柄合一，分离完全是在统一中的分离。若不在根底上一体，便无需说出分离。若本来就是不同的两物，则不待分离，它们已处在分离状态。所以，分离之所以可能发生，只是因着它否定了本来为一的事物。所谓"自我"与"他者"，就是原本非"自"也非"他"的事物将自己表达为此**"非"**的否定（自と他とは、本来自

---

① 在这里，作者将のべる写成了汉字陳べる，显然是陈述的意思，与上文直接用平假名形式的のべる不同。

でもなく他でもないものが、そのないことの否定として己れを現わしたものである)。它已经**不是一者**，因而，"自我"完全是"自我"并非"他者"，"他者"完全是"他者"并非"自我"。

因为自我与他者本来是一体的，所以两者"自他不二"地被关联起来，所谓"自他不二"是对自我与他者的否定。这样，一者既被分开，又是"不二"的，间柄唯在其中方才形成。所以，间柄作为实践的行为关联存在，这意味着其中有统一、分离和结合的关联，作为这种关联，它业已实践性地和行为性地区分/知晓(分かっている)。这便是作为间柄的、实践性、行为性的"分割/缘由"(わけ)。

如此"分割/缘由"(わけ)不仅能用语言表达出来，也转变为客观，成为各种各样的习惯、生活方式。透过它的客观化进程进行考察，就能知晓实践的"分割/缘由"(わけ)究竟在何种程度上包含了微妙的相互领会。因而，**一旦**这样的"わけ"(分割/缘由)**被表达出来**，它便成为"事"(こと)。"说出来"是一种表达，所以，一方面它指向被表现的"わけ"(分割/缘由)，另一方面它又有自身的存在方式。所以，"事"在一方面是"做的事"[すること，(事)]，另一方面又是"说的事"[いうこと，(言)]。但既然它已是"こと"(事)，那么，它就已经不是实践性、行为性的"分割"(わけ)。在说"不能**做如此说**之事/不能**做如此之事**"(そういう事をしてはいけない)①之时，**做或不**

① そういう一般译为"如此"，其结构是表达"此"的"そう"和表达"说"的"いう"组成，故而也可以翻译为"如此说之事"。

做的乃是此处被当作问题的"事","事"明显是行为,但我们现在将它**表达为"如此之事/如此说之事"**(そういう事)。此时我们并非进行某种行为,而是此行为作为"こと"(事)被放置在我们中间。因而,被表达之"こと"(事)在自身之内映照出实践性的"分割"(わけ)——这就是"ことのわけ"(缘由/事的分割),陈述便是将它铺陈开来,所以,可以说,陈述表明了人间存在的结构。

这样看来,在学术中,我们为何要以"是之事"(であること)为目标呢? 此问题的答案已清晰可见。我们想要陈述上述"缘由/事的分割"(ことのわけ),而它已在自身之中描摹出人间存在的结构。因而,在分析它的过程中,也就能将人间的存在方式还原为"であること"(是之事)。

于是,我们能够从这一点出发规定伦理学方法。伦理学已经被给与"缘由/事的分割"(ことのわけ),它并不是一开始就将实践性、行为性的"缘由/分割"(わけ)化为"事"(こと)。在实际生活中,**知"物"**(「もの」のわかった)①的人(能在不进行理论反省的前提下)**把"事"分开说**(「こと」を分けて話す)。也就是说,这人不仅是人间性地(人间的に)**存在**着,他也是**属存在论的**(存在論的)。因而,我们可以说,在人间的存在成为理论的存在论之前,便已属于存在论,这意味着,对存在论而言,"缘由/事的分割"(ことのわけ)已被给出。我们所谓的伦

① 即"懂事",知道事理。

理学作为人间存在之学就是我们所谓的存在论。这是捕捉到存在论以前的属存在论的理解，也就是捕捉到"缘由/事的分割"（ことのわけ），借由它显明人间的存在之方法。从而，人们在统一、分离和结合的关联中自觉到作为间柄的"存在"，此关联正是**伦理**，在此，实践性、行为性的"分割"（分け）便成为在理论中获得自觉的行为方式。

但如此看来，在作为存在论的伦理学与实践性、行为性的"分割/缘由"（わけ）之间已有"缘由/事的分割"（ことのわけ）介入。更进一步，把"事"分开来说的时候，"分开物的人/知物之人"（物のわかった人）也就是所谓"对物的区分/知晓"也介入其中。不通过它们，作为一门学科，伦理学就不能触及伦理本身。因此，伦理学的问题乃是从理论立场出发通向人间存在的道路。

15．通向人间存在的道路

如上文所见,若要在学术上把握主体性人间存在,就必然要借由在语言和外物中对人间存在的表达及对这种表达的理解。只有走过上述道路,作为实践的行为关联的间柄才能被学术地把握(学问的把捉)。那么,这条道路是否真的不可或缺? 倘若如此,又应如何汲引它的水流汇入学术方法的海洋? 这是我们不得不面对的问题。

围绕此道路的问题基于如下需求:我们自身的存在完全是主体性的,因而,它必然被主体地把握。如果我们把"存在"看作与自然之"有"别无二致,能去对象性地观照,那么,此处便不存在道路的问题。所以,若想站在经验论立场捕捉伦理,就要把**表述出来的**风俗道德或客观化的社会制度直接处理为学问的对象。但是,即便只站在自我之"有"的立场去研究人间存在,主体性的把握也还是主观意识的问题,它不需要道路——康德的立场正属此例。在康德那里,主体实践性的自我规定是**直接意识的事实**。所以,它被要求原原本本地转化为理论意识,而理论意识又是一种实践哲学。尽管它是超越个人的主观即本己(本来的自己)的自我规定,但此规定直接显现的场所仍是个人主观的意识。换句话说，它在主观之中**直接被知晓**，不需要道路。

但是，为了完全主体地把握"人间存在"为"人间"的存在，在意识以先，我们需进入意识的基础层面。然而，若从主观意识出发就做不到这一点。在其复杂地发展的阶段，实践的行为关联包含了意识的众多契机，但它不是在意识中成立的，反是使意识成立的基础。因为我们的目标是"人间"的存在，所以人间存在并不能从个人直接意识的事实出发来寻得，反一定要以**人间的事实**即历史社会的事实为中介进行探寻。

新康德学派认为，实践哲学也一定要以**学术事实**(学の事实)为中介。如此思考时，该派学者已触及上述道路的问题。在柯亨那里，道路是法学；在加兰(ゲーランド，H. Gerland)[①]那里，道路是社会科学，尤其是后者，看似十分明确地洞察到通过学术事实通向**人间存在**的道路。对于他而言，伦理学已非德性论和善论，而是经济学、国内法学等特殊社会科学的基础之学。这些社会科学的前提即"在人间性的统一中意志的统一"问题，才真正是伦理学的根本问题。所谓意志并不是个人在内在体验中去意识的一种能力，而正是社会科学方法的基础概念。所谓"意志的统一"正是人间的共同态，也就是说，伦理学的问题是共同态本身。

我们能够在此发现一些很有趣的想法。各种社会科学既捕捉人间存在的表达，又不将这种表达看作表达，仅处理为经验对象。若以经验为道路逼近其可能的根据即人间共同态，

① 赫尔曼·加兰(1874—1944)，德国法学家、政治学家。

其结果便是借助人间存在的表达来把握人间存在。例如经济学已经经验地认识商品，于是，经济学开辟了一条道路，它让我们通向使经验的对象成为对象、使商品成为商品的境况，此境况就是人间的存在。

然而，毋庸赘言，这是附会我们立场的诠释，并非加兰自身的想法。与柯亨一样，加兰认为思维生产出"有"（有る），不承认思维是先于"概念"的存在。他的目标乃是通过学术之事实通向学术的基础概念。因而，经验的对象也是在意识的统一处成立的客观，不是人间存在的表达。"经验"概念意味着由自然科学组织起来的经验，这是它占据优势的意义。即便把经验或是学术的事实看作道路通向共同态，此共同态也是**概念**而非人间存在。

不同于上文陈述的学术的事实，我们在此捕捉日常实践经验的事实。此经验不单是观照对象的意识，也在实践的行为关联本身之中被给出。所以，此处的对象一直都是人间存在的表现。例如，在日常生活中，我们买东西时既已经验了商品。但是，商品不只是对象物，也非经济学概念。它是人间存在的各种各样的契机，即衣食住行之表达。它们被归类为食材、饮料、衣服和家具等等，在不同的商店或部门之中售卖。说得更详细一点，食材被赋予家庭的日常必需品、饭店的消费品，或礼物、贡品（祝い物）各种各样的特性。同样，衣服也分为礼服、正装、常服、制服、童装和婴儿装等种类出售；家具也表达了一切生活方式。这就是说，人间存在没有不被商品表达出来的。我们按照此表达与商品交际，只把表达人间存在

217

218

的物当成商品，那么，在商品的经验中，我们业已理解人间存在的表达。正是以此经验为道路，我们才能通向人间存在。

这样看来，不因为此经验被学术组织起来，反因为它是从日常的**人间的**经验之中收集起来的，所以通过社会科学组织起来的经验才能为我们提供通向人间存在的道路。通过还原这些经验，回到它们原来的日常性，我们也能于此寻得它们作为表达之理解的丰富意义。在被如此修正的意义上，也可以将社会科学的事实看作通向人间存在的道路。总之，我们可以不选择个人意识之事实，而选择实践的行为关联之中**人间的**日常经验作为通向存在的道路。

对此，海德格尔的存在论富有教益。在海德格尔那里，存在（Existenz）是"是之事"（であること，essentia）和"有之事"（があること，existentia）的基础，只有人是两者的依归。但是海德格尔生怕自己像对待其他对象物一样，只把"人"与"有着的物"（有るところの物）混同，所以特意用"现有"①

219

---

① 中译本《存在与时间》一般将 Dasein 译作"此在""亲在"或"缘在"。日语对译"现にあること"突出的是它的"当下性"或时间性（和辻在日后的《伦理学》中突出了"人间"的时间性和空间性），取汉字"现"。同样，和辻强调"ある"是"有"，"有"是"存在"的基础，故而取"有"字。日译本《存在与时间》也多将 Dasein 翻译为现にあること或直接翻译为"现有"。关于"现にあること"，参マルチン・ハイデッガー：《存在と時間》，細谷貞雄訳，东京：筑摩書房 1994 年版；关于"现有"，参ハイデッガー：《ハイデッガー全集　第二卷　有と時》，辻村公一、ハルトムート・ブフナー訳，东京：创文社 1997 年版，第 643 页。就后者来说，辻村在《译后记》中讨论了 Sein und Zeit 一书书名的几种译法，认为在海德格尔这里，日语的"存在"不能用作翻译 Sein，"时间"也不能用作翻译"Zeit"。进一步，辻村讨论了包括和辻的海德格尔 Sein und Zeit 译本《有と時間》，并认为中译本有可能受到了日译本影响。

（Dasein，现に有ること）这一术语来称呼人。所谓"存在"是在"现有"之中的固有存有方式（有り方）。对海德格尔而言，通向存在的道路就成了极端重要的问题。因为，作为有着的物，"人"离我们最近；但是，当对此物的存有方式（有り方）提问时，"人"又离我们最远。至此，海德格尔抛弃自古以来的做法，不把人看作对象，反捕捉到人最单纯的存有方式，即"在世之中有"（世界の内に有ること，In-der-Welt-sein）①，他又将此存有方式所具有的统一结构看作通向存在的道路。日常的人是在**与某物发生关涉**之中的"有"——这一事实对所有人都是显明的，也最具确证性。人就是在世之中有，在此存有方式中，**人从对象的视点**领会自己的"有"。这就是现有之"有"的结构。随着此结构被不断阐明，"有"自发地向我们显现为**时间性**，在时间性中，我们确确实实把握了存在的结构。

我们应向海德格尔学习的一点是，他不把自己本身当成对象，反从对象**物**之中领会自己之"有"。"有着的物"（有るところのもの）之存有方式其实扎根于人的存在。所以我们承认，通向存在的道路就在日常地被给与的"有着的物"中。当我们捕捉**物**，着眼其存有方式时，便找到通向存在的端绪。可以说，海德格尔实际上是运用此方法的模范，但我们却不能原

220

---

① 中译本《存在与时间》一般将 in-der-welt-Sein 翻译为"在世存在"，日译本则多作"世界·内·有"，如细谷译本；或"世界の-内に-あること"，如辻村、布赫纳（ブフナー）译本。如在下文中和辻所引的那样。此处和辻的日译突出了"有"（有る），故拟结合本书实际，修改为"在世之中有"，以切合本书的用法。

原本本地沿袭其方法。在前面的**第十三章中**,我们深挖意向性的问题,最终到达了**人的存在**,因而没有到达作为间柄的存在。此事实同时也与海德格尔的出发点是"世界—中—有"(世界·内·有)有关,它仅是我与**物的关涉**,并非我们所说的"在世之中有"。因而,从原始的意义来说,"有着的物"是在与我的关涉之中才有,并不是**在人间之中**有。也就是说,其存有方式扎根于**人的存在**,并不扎根于**人间存在**。

这些差异根植于海德格尔对这个问题的规定。对他来说,**"有"之问**(Seinsfrage)是哲学的根本问题。哲学不是"有之物"(有るもの)之学,而是"有"之学,从而是最广义的**有论**(Ontologie)。形而上学并不提问终极的有之物是什么,反必然是上文所述的有论。海德格尔努力的核心,便是给这一主张打下基础。将人的存在看作问题,是为了从根源上澄清上文所述"有"之问的一个步骤。一般而言,"有"是对象(有之**物**)的有,从而,"有之问"正是**对象的有**之问。然而,问"所谓'有'是什么"的时候,提出问题的乃是提问之人的存有方式。所以,在进入"有之问"之前,就要去深挖"有之问"自身,深挖提问之人的存有方式。这样,"有之问"被归于人的存有方式之问。与其他"有之物"不同,只有人会**问自己本身的有**。也就是说,只有人会在自己的"有"之中与自己的"有"产生联系。这就是说,人通过某种手段在**他的"有"中领会**自己本身。人的这种存有方式被特别地称为**"存在"**(Existenz)。所以,存在就是**自觉有**。海德格尔的 *Existenziale Analytik des Daseins*

(《现有的存在论分析》,現に有ることの存在論的分析)分析
了自我领会式的存在结构。以此看来,可以说"存在之问"只
从"有之问"的源泉中涌出(たぐりだされた)。之所以将人的
存在规定为**有的领会**,是由于他以"问有者"(有を問う者)的
身份来处理"人"这一对象。他的目标完全是"有",而非存在
的全面性真相。

通过区分"有的领会"的两个意义,上述事实就能得到阐
明。问"有"的是人,人在其"有"处领会自己本身,称之为"存
在"。所以,存在就是"对自己之'有'的领会"。但因人本质上
也是"在世之中有",所以,人根源性地领会类似世界的"某物"
(ある物)或在世界之中照面的"有之物"的"有",这是对"非己
之物的'有'之领会"(己れならざるものの有の了解)。本来,
虽然"非己之物的'有'的领会"反射到**物**的对自己本身的领
会,但是,这种对自己的领会又是在不去问自己本身的"有",
缺乏提问的自觉态度的情况下施行的。与**物**关涉的直接是
"**物**之有的领会",如此,"有的领会"直接是人的存有方式。故
而,作为提问者,"自己之有的领会"必然是这样一种领会,它
在"物的有之领会"中更深层次地领会了"有的领会"。海德格
尔将领会规定为"在自己最深处的能有"(自己最奥の有り得
ること, das eigenste Seinkönnen)①。所谓**物**的有之领会,就
是在与物的交际中的"能有",它也是人的存在。但是,如上文

222

———————

① 中译本一般作"最本己的能在"。

所述，对"我之有"的领会必然是领会的领会，因而，它必然是"能有"的"能有"，但这并不是海德格尔想要的，他只想把握第一层"有的领会"。因而，他在领会对象的"有"的过程中，**一并领会自己的"有"**。在问自己之"有"的立场之前，对自己之"有"的领会已被包含在对**物**之"有"的领会之内。这样看来，从提问者即"自觉有"引出的"有的领会"，实际成了在与**物**的关涉中对对象之"有"的领会。这样，对象的"有"就在对有的领会的基础上建立起来。因而，使对象有的（有らしめる）"有的领会"原原本本地就是"人的存在"。正因如此，作为**基础的有论**，对人的存在分析被放置在以繁多的对象的"有"为自己研究的问题的、各自有论的基础位置上。换言之，海德格尔存在论的目标是仅从"有之问的基础"这一点出发来捕捉人的存在。

　　如上所述，海德格尔的目标是给出对象性的有论之基础。只要是这样，他把**物**与我的关涉当作出发点就是理所应当的。在"关涉"之中除去"物"，只着眼于**关涉的结构**时，被阐明的便是**时间性**。在时间性之中，人的存在结构看似被最深刻和内在地把握，但被除去之"物"的痕迹绝不就此消失。海德格尔关于实践性的思考，最核心的乃是"站出来"（外に出る）。站出来的境况、超越的境况即存在（Exsistere 就是站出来的意思①），就是使对象成为对象的境况。也就是说，站出来的运动指示被除去之"物"的**方向**。在此，也能清楚地看到海德格

---

　　① Existere 为拉丁语，即英语"to exist"，汉语的"去存在"之意，以其构词来看，是由 Ex（出到外面）和 stere（站立）结合而成的，所以这里说"存在"是站出来之意。

尔这一想法如何从**意向性**的思考推导出来的来龙去脉。

这样看来,我们也能阐明海德格尔的"存在"不能成为人间存在的缘由。在他那里,通向存在的道路是我与**物**的关涉,因而,人从一开始就被规定为"我"。不管是谁,**总之他们都是我**(Jemeinigkeit,それが誰であるにしろとにかくいずれも我れである)①。在存在论的意义上,他不用"人"和"我"这类的表达,而用 Dasein(現に有ること,现有),但此 Dasein 的存在性的内容却是"作为我的人"。只要从与**物**的关涉开始相关论述,这便是理所应当的结果。但与此同时,它也拦断了在间柄之中根源性地捕捉"人"的道路。

224

当然,即便是海德格尔,也不能无视人与人之间的关涉。面对"现有"**是谁**的问题,他解释说,他者即 Mitdasein②,但他恰恰没有在此提及间柄,正是间柄意味着自己与他者的对立统一。在他那里,首先有的是与道具发生关联的"在世界中有"。在**道具的存有方式**之中才能寻得"他者"。在与道具照面时,我们同时也与这一道具的使用者、制作者、拥有者和卖家照面。这些他者与我同样都**与道具产生关涉**,因而,他者与我同样以 Dasein(现有)为存有方式,以在世之中有的方式内在于世界。所以,他者既不像道具那般,是"在手中有"(手にある,zuhanden)③的,也不是像自然那般,是"在面前有"(前

---

① 中译本一般作"向来我属性"。
② 即"共同现有"。
③ 中译本一般作"上手",其本义为在手上的,对着(zu)手(handen)的。

にある，vorhanden)的①，反是在存在结构上**"也与其共同现有"**（それもまたともに現に有る）的。基于**共同**（ともにする）的在世之中有，世界就是我与他者共同分割的世界即共界（Mitwelt）。"在内的有"（内に有ること）②就是与他者"共同的有"（共にあること，Mitsein）。所以，他者既是世界之内**自发的有**，又是"共同现有"（Mitdasein）。海德格尔的论述大致如上。但是，一目了然的是，此"共同"一直都是"是我"（我れである）的、个人的并列，没有"自他不二"的统一。"共同地"有的基础是道具的世界，他者的 Mitdasein（共同现有）自道具而出并与我们照面。所以，就算我们说 Dasein 在其自身那里本质上是"共有"（共にあること，Mitsein），最终还是原子式现有（Dasein）的并列，并不是一种整体的"共同态"。所以，人从"在手中有的物"（手にある物）那里找到自己，并非从间柄出发找到自己。当然，海德格尔力陈，若以自己与他者的主观对立为前提，就得不出他者，这倒是没有说错。与他者之间的"有的关系"把领会自己本身的自己之"有"投射到他者之中，海德格尔驳斥它，并称之为"移情"（情感移入）的立场，同样也是没有说错。但是，他认为，只有**借由"有"的领会**才能得出他者，当如此思考时，他的存在论就有着明显的局限。他看漏了比"有"的领会更加根底性的、实践的行为关联即人间存在。

---

① 中译本一般作"现成在手"，其本义为在手（handen）前面（vor）的。
② 中译本一般作"内在"。

海德格尔在"孤独之我"的存在中（我れのみの存在において）处理作为存在结构的时间性，完全错失了它作为一种间柄结构的意义。

　　我们一边要学习他捕捉存在所用的方法，一边要把"存在"把握为"人间存在"。也就是说，我们不得不明确一点：首先要把"在世之中有"看作在间柄之中的，我们在与"物"产生关涉之前就与"人"产生关涉。借助道具找到他者，这是从"我"出发通向他者的**思索顺序**，并非实践性、行为性的人间存在的事实。在现实之中，每当我们找到道具时，就已立于与他者的间柄之中。若不去过家庭生活，就没有与家具的交际；若不在社会中劳动，就拿不起锤子。所以"道具"已经是间柄的表达，不仅仅是我们"在手中有的物"。如此，在相互照面、对话、共同劳动这等日常存在之表达中，或更进一步，在日常生活的关系中处理的"物"的多种多样的表达之中，我们找到了通向人间存在的道路，我们的日常性也在这些表达的领会中成立。

　　在当"生命"被理解为人间存在时，狄尔泰所谓生命、表达和领会的关联（生・表現・了解・了解の連関）①之优秀的方

226

---

　　① 中译本一般作"生活、表达和理解的关联"，参狄尔泰：《精神科学中历史世界的建构》，安延明等译，中国人民大学出版社 2010 年版，第 79 页。在《精神科学中历史世界的建构》一书中，狄尔泰也用 Lebenszusammenhang（生命关联体）表示这一概念。此处由于和辻区分了"了解"（本书遵从海德格尔的通常译法，译为"领会"），并突出了"生"（即德语 Leben，本书译为"生命"）的重要性，考虑到上下文译名的连贯性，译为"生命、表达和领会的关联"。但在后文的边码 241 页，和辻哲郎在引述狄尔泰时，又用了"生・表現・理解の連関"一类表达，并在编制本书的索引时把两者混为一谈（参见索引）。猜测有可能是和辻的笔误或责任编辑的失误。

法论意义就能发挥出来。表达既完全是个人的，也完全是共同的，是兼有两种特性的生命的表达。不能在意识的努力之中被理解的、主体性的人间存在，仅在表达中显明自身。这就是说，比起被意识它先被表达，通过表达它才能被带给意识。在这里，主体地把握主体实践性人间存在的道路就在我们面前铺陈开来。

我们将"面对事实本身"（事実に即する）规定为从日常的表达与领会处出发，那么，它不必然是人间存在的**充分**表达，也不必然是领会。不仅如此，如狄尔泰所说的，它是被**实践的利弊**支配的，若它也能**欺骗人**，那么它就能被人领会为各式各样（種々別々）的样式。但尽管如此，先在于观察、反省、理论的实践行为的关系已在这些表达和领会之中化为"事情"的分割（「こと」のわけ）。这既可以是"真实"（まこと）①也可以是"错谬"（ひがこと）。但是，只有在"真实"的间柄的表达和领会的基础上，"被欺骗"的现象自身方才可能。所以，狄尔泰认为我们可以通过日常的表达及领会找到人间存在的结构，从而找到实践的行为关联**方式**。然而，我们在思考日常的表达与领会是如何多样、如何复杂地运动时，也可以依赖艺术家的人间描写，他们往往擅长敏锐地捕捉日常经验。艺术家更深

---

① まこと本身意为"真实"或"诚"，但又可以写作"真事"和"真言"，在此处，和辻并没有区分这两者的含义，在他的《伦理学》之中，"真实"区分为"真事"和"真言"，是人间信任间柄的一种外显和表达。参［日］和辻哲郎：《和辻哲郎全集》（第十卷），《伦理学》，东京：岩波书店 1962 年版，第 288—292 页。

刻地表达了日常的人间存在的表达,我们通过上述两种领会就能够迫近人间存在。如此想来,通向人间存在的道路是无限丰富的。

试举一例,以显示此丰富性。我们尝试捕捉距我们最近的日常经验的一部分即早上起来吃饭这一最简单的事情。一般来说,早上起床是在"家"之中进行的。"家"不仅仅是木材和土的堆积而是"住房",作为住房,它表达了人间存在。一般而言,正如"家"通常表达**家庭共同态**,家的结构亦表达家庭的人间存在。起居室、卧室、会客厅、厨房、玄关等各处各自展示了家庭的共同存在方式。如果家是宾馆和旅社(下宿屋),那么在这里又各自有了一定特性的"房间"。人起床是在卧室或者自己的房间之中,并不是在厨房或者走廊。因而,起床这件事就已经显示了我们对"家"这一存在的表达之领会。我们醒来的房间铺着榻榻米,又用拉门隔开;或铺着木地板,用带锁的门封闭起来。房间的样式乃是一定社会的、历史的、风土的各种制约的表达,也表达为不同的存有方式。也就是说,人可以在他人能自由开关的拉门之中睡觉,也可以锁上门睡觉,两种境况分别表达了人与他者的间柄。如果我们不信任他者,便不想在拉门的房间睡觉,也不会在那里起床。并且,在没有得到允许的情况之下,人也不会拉开能轻易开闭的拉门。开拉门也有一定的方法,这也是对存在方式的表达,在带有拉门的房间之中起床便是对此表达的领会。无论是否意识到这一事实,只有在领会的基础上,我们才能起床。同样,也能说一

228

说"衣服"。一般来说，早上起床时，我们通常在被窝里，此时我们一般穿着睡衣，随后换下睡衣，因为我们已经领会了被表达为"常服"和"礼服"等衣服种类的存在方式。接着，我们洗脸、吃饭。餐具、餐桌、烹饪方法和餐桌礼仪等一切都表达一定的存有方式。只有领会了这一表达，我们才能吃饭。随之，在此出现了家人之间在语言和举动上的交流。我们共同吃饭，不把味觉只当成自己的感觉，共同品尝食物。上述所有都是间柄的表达，也是对此表达的领会。若没有这些，就品尝不到任何东西。

即便非常简略地思考"早上起来吃饭"一事，就有上文所述的诸多内容。我们的日常生活实际是广阔的表达之海，在其中寻求通向人间存在的道路，不会反而沉溺在表达之海中吗？比起将无限丰富的日常表达和对它的领会当作我们的道路，把从某种视角整理日常的经验的社会科学——经济学、国内法学和教育科学等的事实当作道路，难道不会更加明晰吗？面对如此疑惑，可以这样回答：各种社会科学确实以日常的存在表达及其领会为素材，赋予它们某种秩序。但是，它们都是站在学术经验的立场上，在对存在"物"的表达之中除去"表达"的含义，只将"物"对待为**物**。实际上，在理论上理解物与物之间种种关系的努力是现象产生的原因：这些物**是**存在的表达，我们在日常之中领会它们，但又在学术研究过程中隐去其基础。所以，譬如经济学中的"商品"概念已没有表达人间存在的含义。然而，对我们而言，被隐去的基础是必要的，它正是主体性人间存在化为"缘由/事的分割"（ことのわけ）的关键点。也就是说，此处有转化的熔炉，它将实践的行为关联转化为**意义的关联**（意味の連関），通过观察并理解这种转化，我们便能够向人间存在进行溯源。当然，我们如此去做，并没有将人间存在自身转化为意向。此处确保了一种根源的联系，即不能成为意向相关项的存在结构转移到意向相关项的结构。对我们而言，在这种意义上"表达"的运动乃是最为珍贵的钥匙。

不仅如此，对借助表达及其领会溯回人间存在的立场而言，在日常生活中饱满、充沛的表达没有带来太大困难。只有对于将表达化为单纯的**物**、进而规定**物**之间关系的立场而言，"**物是丰富的**"才给其规定带来困难。但是，这些物是正在表达的**物**，恒常地指示着人间存在，无论再怎么多种多样，最终的归宿是同一的。因而，无论从何处开始都是恰当的，以哪种表达物为线索也是我们的自由。

231

然而，向人间存在的溯源本身却需按正确顺序进行。无论我们捕捉哪一个日常表现，它作为人间存在的表现都首先明确显示"间柄"。电车作为"交通"的道具表达间柄；商品也表达各自的社会关系。甚至山峰（例如东山）①也表达了"名胜""林业保护区"等社会存在。那么，"间柄"又是什么？我们能够从身边的亲子间柄、男女间柄、朋友间柄等之中寻得此间

---

① 指日本京都东山，东山是京都的一个区，其中有许多覆盖森林的山丘和著名的历史名胜。

柄的表达和领会。从这个角度出发，便能阐明间柄的基本结构，只要间柄在交通设施和通信设施之中表达出来，它就广泛地展示了"世间"，间柄之时间的和空间的结构也于此显明。然而，在此结构得以显明的同时，家庭、村落、城镇、国家或都市、公司等客观的形成物，因其表达了各自特殊的人间存在方式，也显示出重大的意义。在这里，亲子间柄、男女间柄等等也表现出它们分别固有的结构及在人间存在中所处的位置。与此同时，整体的存在方式把各种各样的存在方式包含为它的某个阶段，整体的存在方式就被国民、民族等群体揭示出来。若我们如此来看，人间存在的表达的无限多样性绝不能陷我们于混乱之中。

把上述间柄的表达形态当成重要的线索，这就使伦理学向社会学接近。那么，究竟应当如何区分这两者？

要解决此问题，就需注意到此处的历史关联：社会学被城邦之学（ポリスの学）和国家之学（国家の学）一分为二。区分国家和社会，进而于此剥离出社会学，这是晚近的 19 世纪的工作。也可以说，亚里士多德在"人间的哲学"中处理"城邦的存在方式"的传统一直延续到 18 世纪。当人们使社会学成为一门独立科学时，"社会"就不再是人间存在的一种方式，社会学与"人之学"相对立，它既导致了对"人"的错误把握，也导致了对"社会"的错误把握。即便说 18 世纪的个人主义从孤立"人"出发来解释社会是错的，那么，为了摆脱个人主义而把社会从人这里剥离出来的做法也不正确。社会是"人间"，**社会**

之学必然是人间之学。因而，此处根本问题乃是人与人的间柄。"人"如何既是个别的，又是共同态？总的来说，何种行为方式使人间的团体成为可能？此处我们不得不在根本上解决这些问题。这样看来，社会之学本不应与伦理学相异。

　　但是，社会学并未被塑造成如此形态。实际上，它把人间存在的表达形态即社会从其表达的意义那里剥离出来，把社会看作在它自身之中的对象，想要阐明这对象之中的本质关系。从而，所问的不是被此塑物表达的主体性人间。在此，对我们来说，通向人间的道路就是这类社会学的所谓对象自身。当然，在社会学之中也出现了一种尝试，并不把社会把握为"对象"而是"主体"。然而，若理解此处"主体"不仅是一个人的主观而是"人间"，那么，社会学就不得不是伦理学。若没有一定的行为方式，人与人的对立统一便是不可能的。也就是说，任何社会团体都只能基于伦理才能存在。如果我们只按其不同的表达形态，**对象性地远眺**既已存在的团体，这就不是主体性地把握社会。主体的把握必然回溯这些团体至其存在的根底即"伦理"。若我们反省社会乃是人间存在的一种方式这一事实，就能轻而易举地承认这些命题的正确性。

233

16. 诠释学方法

把日常生活中的表达及其领会当作道路，从而联通人间的主体性存在，这是在学术立场中的**如何理解表达**的问题。你对我的举动作出回应时，表达的领会已开始起作用。但是，领会是让两人的间柄存在的契机，并非问"间柄是什么"的存在论的理解。存在论的理解需在领会之中捕捉发展之中的表达，提取此处形成的意义关联，使它联通而为两人间柄的结构，进而理解它。例如"互动"一类表达，就是向我们展示两人之间被领会之"事"。**在这些"事"中，我们能够理解**两人之间实践的行为关联。尽管如此，基于对这一表达的理解，主体性存在方式仍然被确定为理论的"是之事"（であること）。

但是，这理解并不是恣意的、主观的，反而能拥有学科的客观性。应当如何保证这一点？需在诠释学方法中寻求，正是这种方法把客观性带到对表达的理解之中。

诠释学（Hermeneutik）本身是在**文学**的地基上诞生的（我把"文学"看作对应 Philologie 的词语来使用，它是文之**学**而不是文艺）。所谓文学是什么呢？它又在何种意义上生产出诠释学？

贝克(August Boeckh)①说,所谓**文学**,是更进一步认识人类的**精神生产出的东西**即**被认识的东西**之学科。所以,文学以既已给出的知识为前提,是对它的**再认识**。就这一点来说,它与去**原始**地认识的哲学有所不同。文学是一种再认识,同时也是**历史的认识**。然而,一般而言,若没有认识行为,便无法认识被认识之物;不知晓他者的认识,就无法直接达到认识。故而,文学与哲学相互制约。从被传承之"文"的角度来看,文学的工作是对希腊精神的再生产。受到文学的帮助,哲学便能够面向现象的本质。但是,反过来,若文学不等待哲学认识的出现,就无法再生产过去的认识。历史性构成的文学,其最终目标是在历史事物之中呈现概念。文学与哲学不只相对而立,也尤其在"历史哲学"和"哲学史"中达成一致。历史哲学是以再认识为要务的**文学**最终转化成**哲学**,而哲学史是以原始认识为要务的**哲学**最终转化为**文学**。

若文学是上文所述这般之学科,那么它总是处理人间精神的表达,并通过此表达的理解进行再认识。"诠释"问题的产生便与此表达相关。"理解"有诠释(Hermeneutik)和批判(Kritik)两个契机。前者是在**对象自身之中**理解对象;后者是理解多个对象之间的**关系**。两者相互以对方为前提,但各自有独特的作用。那么,"诠释"是什么?原来,Hermeneutik 一词从与赫尔墨斯(Hermēs)神同源的 hermēneia(诠释)一词衍

① 奥古斯特·贝克(1785—1867),德国古典学家、语言学家、博物学家,狄尔泰的老师。

生出来。赫尔墨斯是神与人间的中介,对人间显明神的思想。也就是说,他翻译无限为有限,翻译神性的精神为感觉的现象。所以他意味着"区分"(分かること,Scheidung,Besonderung)的原理,从而被认为是归属于"使知晓"(分からせること,hermēneia,Verständigung)的一切事物之发明者,特别是语言与文字的发明者。语言文字为思想塑形,给人之中属神的无限事物以有限的形态。由此,内在的思想被理解。这便是 hermēneia 的本质,罗马人称呼它 elocutio,即**思想的表达**。它不是理解,而是"使理解成为可能之事"和"使其区分/知晓之事"(分かるようにすること,Verständlichmachen)。所以,此词的古老含义是使他人的话得到区分即"翻译"。但是,在 Hermeneutik 这里,内在的"站出来"并不重要,重要的是借由站出来,事物得以区分/知晓。如果"使其得以区分/知晓之事"是**表达**,那么在根源上,表达就不得不与理解相连,因而,我们能够从表达中推导出理解。

Hermēneia 承担了"表达"和"理解"的双重含义,这显示出对"表达"及"理解"的极为尖锐的洞察。首先有表达,与此相对,理解并非一开始就被施行。表达自身已经是使其区分/知晓的事件,"站出来"和"使之得到理解"乃是同义的。因此,理解是捕捉语言文字的表达,并从中提取可以理解的内容。所以,从表达思想的意义上说,理解是 hermēneia 的**重塑**。这样,"诠释"不过是在表达之中理解的自觉而已。

贝克想要提出的正是如此意义上的"诠释"理论(Theorie

der Hermeneutik)。与哲学认识的形式理论即逻辑学相对，此理论是文学认识（即**理解**）的形式理论。所以，此理论之所以必要，其原因也与逻辑学相同。本来，正确的理解也好，逻辑思维也罢，它们自身都是一种**技术**，半基于无意识的熟练。在发现逻辑学之前，人就已经逻辑地思考；即便缺乏理解的理论，人每天都在理解他者的思想。但在没有意识到认识的权能和局限时，哲学家往往会陷入迷惘之中；与此相似，缺乏理解的理论，文学也经常陷入错误的理解。所以，正如对思维的技术而言，思维的逻辑是必要的；对理解的技术而言，一定要有理解的理论。当然，我们并不通过了解理论来获得技术。正如逻辑学的知识不是哲学家造出，理解的理论知识也不由文学家制造。但是，理论的价值在于能把人无意识完成的工作并入意识的轨道。以此，技术被引导到正确的道路上。

一目了然，上述"理解的理论"和"诠释的理论"是在批判哲学影响下创造**文学的基础理论**的尝试。所以，对贝克而言，理解的问题完全限制在**文学认识**的领域。但是，表达的问题更加广泛。如果把文学认识和历史认识等同视之，那么，这就已显示他触及更为广泛的问题。于是，随着人们对历史世界的日益关注，"理解的理论"作为历史认识的理论被导入到哲学之中，狄尔泰称之为诠释学（Hermeneutik）的正是这个学科。

当然，纵使是狄尔泰也不能无视两学科的历史关联——诠释学是在文学基础上产生的。**诠释技术**是文学之根底，以此为基础，产生了作为**技术之学**的诠释学。狄尔泰在《诠释学

238

的起源》(*Shriften*, V.)中论述了这段历史。在他看来,正是施莱尔马赫结合了诠释技术与哲学能力,才使得诠释学形成。哲学家施莱尔马赫提出了大胆的命题——诠释学方法的最终目标是读者比作者自己更好地理解作者。经过狄尔泰的影响,现今此命题已成了诠释学方法的口号。但是,诠释学如何能够成为哲学方法呢?

狄尔泰说,理解就是从外部感觉层面给与的"印记"认识内部事物的过程。在根本上,它基于**表达及在表达之中被表达物**的关系。在理解的种种等级之中,最高等的是天才的理解,它化为技术就成了"诠释"。诠释就是**一直被固定的,对生命之表露的技术性理解。在语言之中**,精神生活找到了"表达",使充分和客观的"理解"成为可能。所以,上述理解的技术的中心是在**文献**中保存的、人间存在的遗留物之诠释,这便是所谓"诠释是文学的出发点也是根底"的原因。因而,文学在其核心处乃是个人的技术和伎俩,**并非学问**。诠释的技术也属于文学家个人的天才伎俩。所以,文学最初通过个人之间的接触进行传授。但是,所有的技术都向着"规定"(きまり)"方法"(かた)和"法则"(のり)等规则运动。因而,从诠释的技术出发,也能生产对其规则的叙述。于是,关于规则的争论和为规则奠基的要求孕育了诠释学。所以,从其形成的状况来看,诠释学不外乎是**诠释文献遗留物的技术的学问**。通过它,至少我们能够提升对语言遗留物的理解到一个新的高度——它是拥有普遍妥当性的诠释。

上述诠释学的历史发展向我们展示了一个事实:**在诠释的分析之中,能找到一定规则**。此事实又把我们引到更宽阔的视野中。理解不只关乎语言表达,它一般也基于表达与被表达物之间的关系。狄尔泰所谓作为生命表达的"概念"和"判断"都属于**理论的表达**,与**行为**和**体现的表达**并列为表达的三大类别。生命尤其把行为和在行为之中固定化的社会塑造看作其表达,它是人性(Menschheit),人性是"创造者,做出行为者和表达自己者",即"人的、社会的和历史的现实",这便是我们所说的人间存在。如此,理解便与人间存在的表达相关。因而,如果应当提出一种理解的理论,那么它就必然是上述广泛表达诠释技术之学。因此,诠释学的任务就是阐明历史的、社会的人间存在,即阐明狄尔泰所谓关于"历史世界"的鲜活关联(生ける連関)知识的可能性以及其实现手段。狄尔泰把它理解为历史认识论的任务,他想要对抗小说式的任意(わがまま)和怀疑的主观性入侵历史领域的倾向,为诠释的普遍妥当性打下理论基础。这样,诠释学就成了哲学与历史科学的重要结合点,构成精神科学的奠基的主要部分。

241

诠释学之所以成为哲学方法,乃是基于上文所述之哲学与历史学的相互靠近。贝克在陈述关于历史哲学与哲学史,讲到哲学与文学的融合时便已预示了这一点。随着哲学所问内容的历史性和社会性逐渐受到关注,哲学自身便成了一种hermēneia,其基础理论成为诠释学,乃是极端顺当的发展。

这样,狄尔泰在生命、表达和理解的关联之中寻求"生命的范畴",阐明了作为创造者和行为者之"生命"的"作用关联"。诠释学方法就是这一过程,这是把握尚未被意识到的生命之深度即非理性的"生命",因而也是把握"行为者"的唯一方法。此处的理解作为非合理生命的"表达"之理解,它理解了逻辑思维无法理解的事物。我们于此捕捉的并非人间生活的**静态结构**(静的構造),而是**命运性地**进行运动的、生命的**动态结构**(動的構造)。生命的诠释自身是**动态诠释**,同时,被诠释的生命的根本结构也是动态的。生命哲学的方法论原理是从生命自身出发理解人间的生命,这一方法论原理在此拥有其核心要素。

242

可以总结狄尔泰的诠释学方法如下:"人不得不从生命出发,这不意味着人要去分析生命,而意味着人在生命的**诸形态中顺服生命而活**(nachleben),他必然内在地导出藏在生命内部的归宿(帰結)。哲学是将作为**鲜活的动态性**(生ける動性,Lebendigkeit)的(生命关系的)**主体**提高到意识层次,且思考到最后一刻的一种主体**行动**。"(*Schr. V.*,S. LVIII.)[1]这行动自身是动态生命的诠释,生命的诠释仅与表达相通。"顺服而活"(従うて生きる)是顺服呈现出各种形态的生命而活,不是单纯的观照,而是**自觉的行动**。所以,可以说生命哲学就是做哲学(哲学する)的生命。

如此,我们就要学习诠释学方法,并将它引入我们的伦理学中。在决定拿出如此态度面向狄尔泰的想法之时,我们需

---

① 本段为本书译者翻译。

要直面的问题是,在此他并未把**日常生命的表达和领会**看作给哲学理解充当中介的东西。在自觉的行动中,哲学家通过表达直接面对生命,他们直接地、动态地把握了不被意识到的生命深度。然而,在哲学家的"理解"以前,难道就没有人领会生命的关联吗?若不在其自身之中包含领会,"行为"和"社会性构成"这些生命的表达是否可能?总而言之,若缺乏先在于哲学理解的实践性领会,"表达"究竟可不可能成立?

243

我们需在此指出狄尔泰"生命"概念的不充分性。狄尔泰一面将"生命"理解为人的社会性现实,另一方面又不能贯彻它作为人间存在的意义,动辄在个人**体验**之类的意义上使用它。艺术家在作品之中表达**体验**,通过事后重新体验(追体验)这种表达,以理解原体验。如此艺术观照的图式,看似被置于他来源于生命、表达和理解之关联的思考之中,但是,"生命"在根源上是在间柄之中生活。在根源上,它是实践的行为关联,是在表达及其领会之中不断发展的。所以在理论的意识降临之前,生命、表达和领会的关联①既已作为人间存在自身的结构而运作,在此处已经将人间存在化为"事"(こと)。艺术家的体验之类无论有多少"不能言表的"(言うべからざる)深度,都已基于间柄的表达及其领会。它之所以是"不能言表"的,正因它立于"能够言表"的基础上,(前者)作为后者

---

① 此处和辻的表述与上文引狄尔泰的"生命、表达与理解的关联"(生・表现・理解の连関)不同,为"生・表现・了解の连关",故翻译为"生命、表达与领会的关联"。

之限定出现。在我们把"生命"理解为人间存在即在间柄之中的行为关联时，此事实也直接得到澄清。在诠释学方法中，生命、表达和理解的关联就是在人间的一种存在方式即哲学中，对实践的生命、表达和领会之关联（生·表現·了解の連関）的描摹。换言之，诠释学方法是把存在于人间存在中的表达和领会的关联上升到学术意识的方法，是在自觉的行动中对日常生活现实施行但不被自觉之过程的重复。

实际上，生命在把握何为"人间存在"的同时，又从生命自身出发，试图理解生命。这样一种努力直接显示出它作为伦理学的样态。所谓"生命的表达"是作为间柄的存在之表达，对此表达的理解自发地引人走向伦理。反过来说，一切间柄的表达——社会的形成物——全都是伦理的表达。因而，伦理学的方法一定是诠释学方法。

正如诠释学能从最初就被给出的文献遗留物出发那般，诠释学方法的优势是它能够从总是被给出的人间存在的**表达**出发。正如诠释学就是对已经被表达为语言之事的再认识那般，此处它是对日常表达的**领会**中已被转化为意义关联（意味的連関）之事实的自觉。就这一点而言，它能够预防脱离现实及陷入理论世界的迷宫之中不可自拔的危险。与此同时，如它是其所是地把握生命那般，它也能够防止对理论立场的废弃。

但是，难以否认的是，从最日常的人间存在表达出发的做法，给要求从最根本处出发的哲学带来了不少困难。在现代，现象学标榜这一根本性。从现象学出发，总体来说，若不基于

"现象",则不可能有所谓的"表达"。于是,应最先被阐明的正是"现象",在此,我们要回顾现象学的主张。

现象学方法和诠释学方法都建立在"面对事实本身"(事实に即する)的要求之上。因而,两者一道脱离所有学科的正题(定立)、走在一切理论之前,回到这些理论的根源即生活体验或人间存在。但是,现象学并不停留于此,需进一步从日常生活之自然态度的世界经验处,排除其朴素的"超越有"(在外的**物**之有)的正题,回到"纯粹意识",这便是现象学的固有领域即"现象"。现象学还原在把一种观照的态度当作其核心的前提下进行,在这种观照的态度中,自然的态度仿佛已经是"超越有"的正题了。因而,它并不顾及那些在自然态度之中无意识的、实践的和行为的侧面。仅通过对"超越有"的排除,现象学家得以回到一切都能被直观映照的,**静态**观照的世界之中。在这世界中,人在意向性结构之中直观"现象"的本质。但是,诠释学认为,在自然态度之中的日常生活本身就是一种实践的行为关联,它已经是在间柄之中的表达和领会的动态发展。在被意识之前,彼处已存在着主体性关联,它通过表达和领会转向意识。因而,一切现象都被不自觉地看作人间存在的表达。在此之前,在大地上铺展开来的乃是"田地"(広がっているのは田畑であり),而初升的旭日则是"应顶礼膜拜的"(拝まるべきもの),它们是"超越有",并不只被观照。所以,若不将人间存在一道排除,就不可能排除"超越有"。因而,**此处无法进行纯粹意识的还原**。现象总是被置于人与人

246

之间，总在某种意义上表达间柄的存在，它不可能只是在我们意识之内的。所谓"外在地有"（外に有る）的物，例如举动、动作、语言、家庭、村落、田地、山峰和河流等，都不能免俗。

现象学的现象与意为"表达"的现象有上文所述的种种差异。在我们就着这些差异思考"表达"与"被表达者"之关系时，就有两种完全不同的看法出现。站在现象学的立场，"表达关系"也是一种现象，因而必然拥有意向性结构。被表达的物是表达这一**意向作用的对象**。例如，我们说"表达悲伤""表达喜悦"等，表达是表达**某物**的。而被表达的悲伤和喜悦等就作为意向相关项暴露在意识层面。但是，为了如此观察，作为意向行为（ノエシース）的表达作用就完全不能成为对象。如此，他者领会此表达的契机必然不可能成立。正因对悲伤的表达通过行动、表情、声音、语言或文字客观呈现出来，所以，我们才领会和同情悲伤。所谓**表达**就是凸显在外（表現するとは外に押し出すこと），暴露在人与人之间，不是单单在纯粹意识内部产生作用。因而，对于我们而言，表达作用是看得见、摸得着的，"被表达的"是不能被对象化的主体性存在。不在其自身之中显示自己者（即非现象）在他者之中（即在现象之中）显示自己——这便是表达作用。通向他者的道路不可能局限在纯粹意识的内部，因而，一定要将"表达关系"看作间柄的关系（間柄の関係），它不能在个人意识的意向性中被取消。

但是，退一步思考，若在他者处显现没有任何意义，那么究竟"现象"的概念能否成立？在不预设不显现的东西、隐藏的东西的前提下，究竟如何才能说出"显现"呢？

海德格尔如此定义现象的概念：所谓现象（phainomenon）本来意味着"自己在自己本身之中的显示"。但是，因为也存在这样一种可能性——物在自己本身中显示为非己，所以现象也拥有"可作如是观者"（かく見ゆるもの）和"假象"的含义。现象学在上述第一种含义之中使用"现象"一词。因而，它与所谓"现相"（現れ，Erscheinung）意义上的现象有所不同。**不显示自己本身的物**显示出自己本身，通过它，作为"某种现相"的现象**自己呈报**（己れをしらせること，Sichmelden）①。所以，一言以蔽之，"现相"就意味着**不显示**自己，即**非现象**，能够在不显示自己的情况下使自己为人所知，因为它以那些显示自己的东西为中介。因而，"现相"就以"现象"为根底和前提。不仅如此，在"现相"的表达之中包含了双重含义：一是自己呈报意义上的"去显现之**事**"（現れること，das Erscheinen），二是"呈报**者**"（知らせるもの，das Meldende）自身。更进一步，要如此解释自己呈报"者"：它是**在本质上绝不显现自己者**，向外发射出光芒。"单纯的现相"（blosse Erscheinung）意义上的"现象"即指此类。只要康德所谓"显象"（Erscheinung）②仍指向直观对象，它就意味着"显示自己"（己れを示すもの）的显象。

①　直译为"使自己被知晓"，汉语一般译为"自身呈报"，而和辻已在书中区分出"己れ"和"自身"，并时常连用，故此处略作修改，译为"自己呈报"。

②　在汉译康德著作中，Erscheinung 一般被翻译为"显象"，而在汉译海德格尔著作中，1987 年初版翻译为"现像"，2006 年修订译本译为"现相"。此处和辻讨论海德格尔时提及康德的对应说法，并与本段开头提及的 phainomenon 相区分。

但是,物自体(Ding an sich,その自身における物)的现相正是上文所说的"单纯的现相"。为了避开针对定义现象的混乱,如在现象学中那般,此处不得不将"现象"限定为"在自己本身之中显示自己者"(*Sein u. Zeit*, S.28—31.)

但是,我们对这一限定自身抱有疑问。"现象"一词最初便有"假象"的意义,之后它又缘何主要被用作"现相"的含义呢?如果从一开始"现象"就被理解为暴露自己本身者,那么,我们为什么还要考虑它与某种不显示自己本身者之间的关系?因为此处有虽自己呈报却不显示自己本身者。不显示自己的同时又自己呈报,这又应当作何解释?海德格尔说,只有以现象为中介,这才是可能的。然而,在说显示**自己**者(现象)是**自己呈报**的中介时,这一现象的**自己**并不是自身呈报的自己。例如,在行为之中,身体及其动作是"自己",它们在自己本身中显示自己。透过此"现象"自己呈报的"自己"是不显示自己本身的主体。因而,以现象为中介就是以"与自己不同的其他自己"的身体为中介进行的自己呈报。但是,仅作如是观尚未捕捉到通过举动进行自己呈报的真相。离开自己呈报,身体的行动首先不会显示它本身的自己。自己呈报直接是行动本身,并没有两个"自己",**只是一个"自己"在举动之中显示自己**。换言之,尽管如此,"不能显示自己者"还是将自己显示**为他者**。所谓"显现"的意思就是"不显之显"。正因如此,现象就有这样一重含义,它作为"现相",与"不显示自己者"产生关系。但是,之所以海德格尔要淘洗掉(洗い去り)此关系在现象之中的契机，仅限定现象为"显示自己者"，是因为他完全站在观照的立场之上，仅去捕捉对象显示自己的一面，不顾自发运动的行为立场。主体在其间柄之中不断地使自己客观化，只要站在这一行为的立场之上，所谓"现象"正是把自己展现为他者。康德对这个词的用法绝没有显示出任何混乱。

然而，为了避免困难，海德格尔对作为"显示自己者"的现象作出别出心裁的诠释：所谓现象就是物的**照面方式**（ものの向かい来る仕方，Begegnisart），是在自己本身那里对自身的"显示之**事**"（示すこと）。也就是说，现象是"事"（こと）而非"物/者"（もの）。在不了解其区别的前提下，单纯称"显示自己**者**"（もの）即康德所说的"直观对象"为"现象"的做法只是流俗的"现象"概念，不是现象学的"现象"。用康德的概念来说，现象学的"现象"对应的是"直观形式"。从而流俗的现象是"有着的物/者"（有るところのもの），现象学的现象是这**物/者**的"有"。现象学无非是"运用从自己本身出发**显示自己的方法**，使显示自己本身的物本身为我们所见"。也就是说，并非"物"对我们可见，只是它对自己的"显示方法"为我们所见。因而，我们说，它**既是**唾手可得的、一般地显示自己的**物/者**（即有着的物/者）的**意义与根底**①，**但一般而言，它又是不显示自己的，被隐藏起来的**（即有）。如此"被隐藏"（隠されて

251

① 引自 Sein u. Seit，S.35f.，原作者未标注。汉译本通常作"现象……构成这些东西的意义和根据"，参海德格尔：《存在与时间》（修订译本），陈嘉映等译，生活·读书·新知三联书店，第42页。

いること）正是"现象"。"现象学的现象概念作为显示自己者，意味着**有物的'有'**，意味着**它的含义、它的各种样态**，以及它从此处被推导出来的事物，等等。……有之**物/者**（有るもの）之'有'的**背后**绝不可能站立着**不显现的某物/者**。本质上，**在现象学的现象背后没有任何物站立**。但是，**应成为现象的东西却能够隐藏起来**。一般来说，**现象不能被给与**。有鉴于此，我们需要现象学。"（*Sein u. Zeit*，S. 35f.）[1]现象学从日常性出发，深入隐藏在日常中的领域。只有对于现象学而言，现象才显示出自己，在日常生活之中，现象并不显示自己，日常地、一般地显示自己的乃是"有着的物/者"，即流俗意义的"现象"。

然而，行文至此，我们就要感到奇怪：为何一定要执着于现象学的现象？此处"隐藏的现象"（有）与在日常之中明确的现象（有之物）是被区分开来的。海德格尔将"有"与"有之物"的区别视作至关重要的有论之差别。在他看来，"有之物"是对于"有"而言的他者，"有"在他者之中显现自己。因此，他者就是通向"有"的向导。"有之物"是那种不显示自己的"有"在其中显示自己者，它是"现象"，意味着"表达"。此处，被表达的"隐藏的现象"不得不舍弃"现象"的名号。

---

① 汉译本通常作："现象学的现象概念意指这样的显现者：存在者的存在和这种存在的意义、变式和衍化物。而显现并非任意的显现，更不是现相这类事情。存在者的存在绝不会是那样一种东西——好像还有什么'不现相的东西'在它的背后似的。

在现象学的'背后'，本质上就没有什么别的东西，但应得成为现象的东西仍可能隐藏不露，恰恰因为现象首先与通常是未给予的，所以才需要现象学。"参海德格尔：《存在与世间》（修订译本），陈嘉映等译，第 42 页。

如此，便可以理解海德格尔把现象学当成诠释学的现象学的动机。与此同时，我们也能洞见应脱离现象学而取径诠释学的必要。它之所以是诠释学的现象学，乃是由于"被隐藏的现象"的诠释不得不**依赖流俗意义的现象充当中介**。但是，如"现象"之名不适用于"被隐藏的现象"，那么"现象学"之名就不能加在上述诠释学方法头上。所谓"被隐藏的现象"，实际上是"有之物"的"有"，此"有"在根源上被当作人的存在。从而，此处**从流俗意义的现象**（即有之物）**出发诠释出人的存在**。诠释学方法本是通过表达来理解的道路，此处占据"表达"之位置的正是"有着的物"。因为"有之物"（有るもの）已经表达了"有之事"（あること），所以，就以此为线索把握"有"，并回溯到"有"的基础即"存在"。这正是诠释学意义上的存在之学。流俗意义的"现象"在此不被把握为人的存在之表达，反而完全被看作"有着的物"，这就是因为"有的问题"是它的前提。但是，也如米施（ミッシュ）①所指出的，把"有之问"当作前提，从此处出发便可以捕捉甚至在日常中唾手可得的物，但这并不是从日常生活的事实自身出发。海德格尔自身也承认"有着的物"是"最唾手可得的，普遍地**展示自己的物**"（もっとも手近に普通に己れを示せるもの）。如此，他把它看作"现象"，并且回溯到在彼处**显现**的人的存在，对他自己来说，这类诠释学方法难道不也是一种坦率的做法吗？

253

---

① 米施（Georg Misch，1878—1965），德国哲学家，生前任哥廷根大学哲学教授，是狄尔泰的学生和女婿。

但是，并不是通过把现象看作纯粹意识的事实，而只有通过把它当成在人与人之间寻得的那种东西，我们才能达成逃离现象学的目标。因而，从此处出发去回溯的存在也不单是**人的存在**而是**人间的存在**，于此分析的各种**存在方式**，也不单是唯独我的宿命的、分离性的存有方式，而是**各种创造间柄的方式**。至此，人间存在的分析脱离有论和现象学，直接以"伦理"为目标向前前进。

如此认定后，若我们再回过头来看海德格尔的现象学方法[1]，就能找到不少可以学习的地方。海德格尔为现象学画出了延长线，我们正是站在延长线的出发点，才能完成对现象学的逃离。其关键是将"有之物"转化为"表达"，将"有"转化为"人间存在"的做法。

在海德格尔看来，现象学方法的第一步是**现象学还原**，海德格尔大费周章地重新诠释了这一还原。对他而言，现象是"有"，现在被问的也是"有"。但是，因为"有"必然是"有之物"（有る物）的"有"，所以，只从某"有之物"出发就能够接近"有"。在这时，把握性的和现象学的注视就同时投向"有之物"，在此，"有之物"的"有"凸显（際立ち）出来，**化作问题**。也就是说，对有的理解**首先必然**面向"有之物"，其次以一定方式离开"有之物"，**回到"有"**，这便是现象学还原。只有通过还原的方法，"接近事实"的目标才能实现。

上文对还原方法的重审使我们更进一步：所谓现象并非"有"而是"有之物"，更是人间存在的表达。现在，我们所问的

254

乃是人间的存在，而不是现象。只有在"表达"之中（即在"现　255
象"之中）才能接近主体性人间的存在。也正因为如此，我们
就得先捕捉表达，并通过诠释它来理解存在，人间存在的表达
中已充满对它的领会。所以，通过领会的自觉就能够理解存
在。理解的道路从表达**回到**被表达的人间的**存在**，故称之为
"向人间存在的诠释学还原"亦不为过。

现象学方法的第二步是**现象学建构**。仅通过第一种方法
重新聚焦源头，这是消极和不充分的，此过程中一定要把关注
点带到更积极的"有"处，所以，"指引"是必需的。不像"有之
物"，"有"业已无法触及，只有通过自己从日常的沉沦状态中
解脱，也就是说，离开自由的果报（宿業）方才寻得。所谓现象
学建构，就是使直观的"有之物"脱离"有"及"有的结构"。

如此建构属于现象学，其原因无非"有"是一种"现象"。
只有通过逃离日常性，我们才能找到它。为了能观察到现象，
首先需等待现象学建构的完成。然而，我们把直接的前设
（所与）看作现象。因为它是表达，所以它已**被**日常地**领会**。
只是，它作为实践的行为关联之契机，不具理论的自觉。诠释　256
学方法需**自觉地**重复这一过程。作为哲学的行动，此自觉的
重复行动又要脱离直接的实践兴趣（関心）。[①]在这样脱离的
立场中，有待重复的实践关联不会自由地、自发地产生。如

---

① 在和辻哲郎的《伦理学》（参《和辻哲郎全集》第十卷，岩波书店 1962 年
版），作者把"関心"用作海德格尔 Sorge（中文一般译为"烦"）的对译。但"関心"也
被用作翻译费尔巴哈所谓"兴趣"（见本书第 133 页），并且在其余各处都未必在海
德格尔"烦"的意义上使用，故统一翻译为"兴趣"。

此,人间存在的表达与领会化为理论式的理解,人间存在的动态结构成为被自觉的意义关联——这便是我们所谓诠释学建构。

最后,现象学的第三步是**现象学破坏**。对"有"的脱离要借由"有之物"对"有"的回归。也就是说,出发点是"有之物",因而,出发的行为被"有之物"的事实经验和此经验的可能范围限定。可是,它们都属于事实的"人"即属于哲学研究的**历史语境**,任何时代的任何人都未尝以**相同方式**接近"有之物"。人的存在是历史性的,从而依据历史语境,对"有之物"接近的可能性与诠释的方式既不尽相同,又在不断变化——哲学史已对此命题进行了证实。无论再怎么想要从根本上重新开始,都无法抵御传承下来的概念与视域的浸润。因此,为了真正的根源性,就需在"有"的还原结构的基础上加上"破坏"。所谓"破坏"是回到那些不得不去使用的传承性概念的源头,批判地挖掘之,这便是**传统的发掘工作**。它不是否定传统,认之为无用,反意味着它积极地为我所用。在此意义上,建构通过破坏进行,破坏反成了建构。从而,哲学的认识在本质上是**历史的认识**,两者本就是一体的。

行文至此,我们尚不能理解,究竟为何称此破坏为"现象学破坏"? 此处所谓"破坏"正是诠释学方法的核心。挖掘传统以通向其源泉即人间存在,进而把彼处包含的根源的领会带给自觉的理解,这正是诠释学建构,所谓"传统"无非是"表达"。围绕诠释学建构问题,海德格尔的解答就像是贝克的重复,他说,哲学认识与历史认识在本质上是同一的,但它并不能与现象学协调一致。在这里所说的"破坏"必然是"诠释学破坏",这是尤其明显的。

这样看来,只有在诠释学之中,"还原—建构—破坏"的方法才能发挥其真正含义。从"有之物"出发的行为被历史地制约,"有之物"自身也被历史地限定,它是"表达",不仅是"有之物"。在表达之中,被还原的"有"既不是有论之"有",也不是现象学之"现象",而正是人间存在。在上文"还原—建构—破坏"的关联之中,以表达为中介,理解人间存在的方法,才最为有效地发挥作用。

通过以上内容,我们阐明了如下事实:比起"表达",我们应更根本地阐明"现象"——这类立场最终发展为以"表达"为中介的诠释学方法。由此,一方面,我们能够更加确证无疑地建立起本节前半部分阐明的诠释学方法,另一方面,又能通过"还原—建构—破坏"的方法更加具体地施行之。本书上编阐明了作为人间之学的伦理学的意义,其论述方法大致遵此。

注释:

[1] 引自 Grundprobleme der Phänomenologie(1927 年夏季学期讲义)。

索　引

（译者按：索引中的页码皆为原文页码，即正文中的边码。）

对于以下出现的词条，本索引标明了在本文之中出现的页数，词条以底本为标准。西语词条总结并放在末尾。

当与该语句相关联的表记涉及某两页，则用"f."表记，若涉及三页及以上的情况，则用"ff."表记。

一、日　语

二、西文词语

---

① 此处原有日语。

译　后　记

一

本书是和辻哲郎的代表作之一，具有较高的学术价值。

本书的作者和辻哲郎是日本著名的伦理学家、文化史学家。他于 1889 出生于兵库县姬路市的一个医生家庭。他先后毕业于旧制第一高中和东京大学哲学科。他的学术生涯起步于研究尼采和克尔凯郭尔研究，后转向伦理学、日本文化史等等领域。在 1927—1928 年，他赴德国留学，期间游历欧洲各国，尤其是在意大利待了三个月。这些经历不仅扩大了他的视野，也对他的哲学思想有着重大影响。在欧洲，他读到了柏格森、狄尔泰、胡塞尔等人的著作，甚至第一时间读到了海德格尔刚刚出版的巨著《存在与时间》。他在欧洲各国的游历也成为了他后来的《风土》和《意大利古寺巡礼》等文明史著作的灵感来源。正如《风土》的副标题"人间学的考察"①所言，《风土》可以被看作是对人间之学的一种应用，阐明了世界各

---

①　在北京商务印书馆 2006 年出版的《风土》汉译本之中，副标题似乎被省略，且文中的"人间"都被翻译为"人"，诚为遗憾。

地的人间存在受到的"历史的、风土的制约"（本书第 199 页），
这本书可以被视为本书的姊妹篇。回国后，他历任日本东洋
大学、法政大学、龙谷大学、京都大学、大谷大学、东京大学教
职，最后以教授职退休。他于 1932 年以《原始佛教的实践哲
学》在京都大学取得哲学博士学位，紧接着的 1934 年 3 月，
《作为人间之学的伦理学》出版，同年 7 月，和辻即升任东京大
学伦理学教授。日本战败后，他一直担任日本伦理学会会长，
直至 1960 年去世。和辻一生笔耕不辍，有《和辻哲郎全集》二
十卷存世，内容涵盖哲学（佛教哲学、古希腊哲学、近代西方哲
学）、文化（东洋文化和西洋文化）、文学（小说、散文和随笔）、
宗教（佛教、神道教和基督教）、历史（日本史、思想史、世界史
等等），涉猎范围极广，足可见他学养之深厚。

本书是和辻哲郎的代表作之一。在本书之中，和辻首先
对传统的一系列伦理学基础概念如"伦理""人间""间柄""世
间""存在""有"等作了重新厘定，认为它们都指示出同一种人
间存在的"个别性与整体性的辩证关系"（本书第 50 页）。其
中，如同题目所示那般，最受到关注的词语自然是"人间""伦
理"和"伦理学"。对此，可作如下解释：第一，"人间"就是在间
柄之中的人——毋宁说"间柄"才是最为根本地规定人的特
性，所以人在根本上是具有主体间性的人间（nin-gen）。"人
间"是既个别又整体的"人"，所谓人间是"世之中"本身，同时
也是在世之中的"人"。因此，"人间"既不仅仅是人，也不仅仅
是社会，在"人间"之中，人和社会两者被辩证地统一起来（本

书第 19 页）。第二，"伦理"是人间共同态的存在与根底、伦理学是"人间之学"。和辻试图与以往把伦理定义为"当为（Sollen）之学"的说法商榷，认为应把"伦理"一词看作使用此词的人的历史的、社会的生命之表达，理解"伦理"应以理解人们生命的表达为前提。所谓"伦理"是被种种共同态实现的、人间共同态的存在根底，它是人们的间柄的道路和秩序（本书第 10 页）。第三，"伦理学"则是问"所谓伦理是什么"的学问，它想要阐明人间关系，从而明确作为人间共同态根底的秩序和道理。（本书第 10 页）。这三个概念的解释连同其他相关的解释，共同构成了本书的"骨架"，也成为全书展开论证的基础。

接着，通过重审欧洲伦理学史，和辻试图找出重构"伦理学"的道路。回溯了亚里士多德、康德、柯亨、黑格尔、费尔巴哈和马克思的伦理学。在西方伦理学发展史中体现出的人间观是复杂而多样的，但和辻试图描摹出一条在他的诠释之中，不仅展示出他对西方哲学的深刻把握，更展示出他对于人之间柄所形成"共同态"（相对于近代西方个人主义之"个人态"）的侧重。他试图将西方伦理学的水流引入日本伦理学的河道当中，试图把"伦理"从"Ethics"的窠臼之中解救出来，使它成为"りんり"（Rinri），其内涵也从西方的个人的道德与良心之学、"当为（Sollen）之学"蜕变为日本式的"人间之学"。

更进一步，通过与西方现象学、诠释学的对话，和辻试图以诠释学方法建立起他独具特色的伦理学体系。例如，他把海德格尔的"此在"（Dasein，在本书中则颇有深意地表达为現にあること即"現有"）看作道具式的、原子式之"人"的体现，实际上，海德格尔所谓"在世之中的有"必须依靠"间柄"形成的"共界"（Mitwelt）才有可能（本书第 196 页）；"上手"（zuhanden）的、"现成在手"（vorhanden）的物之所以为"物"，甚至"有"（Sein）之为"有"（ある）其前提是它乃"间柄的表达"（本书第 197 页）。与此相应，和辻试图以诠释学方法为伦理学体系的塑造开辟道路，试图用诠释学方法挖掘"人间之学"的内涵，把它视作人间存在的基础，也是现代社会学和人类学的基础。在岩波书店 1963—1965 年出版的《和辻哲郎全集》第十卷《伦理学（上）》（以下简称"全集版《伦理学（上）"》）的第三章（相当于岩波书店 1937—1949 年出版的三卷版《伦理学》中卷），和辻哲郎正是用这类人间的生命表达作为诠释学方法，论述了人间共同态的丰富内容，例如二人共同体（夫妻，见全集版《伦理学（上）》，第 336—381 页）、三人共同体（核心家庭，同上书，第 382—402 页）、同胞共同体（同上书，第 403—411 页）、家庭结构、亲属、地缘共同体、经济组织、文化共同体、国家（同上书，第 411—626 页）等等，都贯穿了和辻对人间存在"时间性"和"空间性"两种特性的充分思考，这些思考的基础是和辻与西方现象学和诠释学的对话与交锋，进而对构建出独特伦理学体系的尝试——这样的尝试业已在本书体现出来。

本书被认为是日本伦理学的革新之作，其对伦理学基本概念的诠释、对西方伦理学史及现象学、诠释学方法的审视，都富有学术价值,是不可多得的经典。但正如和辻在序中所言,这本书仅仅是伦理学体系的绪论,真正的体系恐怕要等待三年后岩波书店出版的《伦理学》。纵观本书,和辻未能展开如他在后者之中那般详细的、结构完整的、成体系的论证。但是,本书与《伦理学》一道,都体现出和辻把东方、西方的不同经典融于一炉,"为我所用"的特征。读者可以在本书正文中多次看到这一点:例如,在解释"伦"时,既引用《礼记》,又引用法国社会学家塔尔德的观点(本书第4页);在论述"间"时,既分析印度哲学的 loka,又引中国古代诗文(例如李白和苏轼的诗句)来印证观点;在讲到黑格尔的"人伦体系"时,又提及京都学派代表人物西田几多郎的"场所观",暗示黑格尔的人伦体系可以通过"空"的概念与日本哲学融合、对接。如此做法使本书更具思想上的厚度、更加耐读。另一方面,相较于数十万字规模、一千多页厚度的《伦理学》,本书更为短小精悍,仅有十余万字,便于读者快速而深入地理解这位日本伦理学大师的伦理学系统。对于有一定西方哲学基础但没有日本哲学基础的读者来说,本书无疑十分友好,可阅读性较强,相信能使读者在阅读过程之中有所获得。

二

作为《风土》的姊妹篇,在前书汉译本出版 18 年后,本书还没有一个完整的汉译本,实在令人遗憾。我认为,就日语原书出版的顺序和论证逻辑而言,甚至应当是本书出版(1934

年)在前,而《风土》(1935 年)在后——没有"人间之学"作为一种学科基础的讨论,哪里有对世界气候、地理、人种和文化的风土之"人间学的考察"呢?这体现出本书汉译的必要性和紧迫性。但是,翻译一向是吃力不讨好的难事。在此译本出版之际,我也要借此机会回顾本书的翻译和出版过程。这一过程可以用"一波三折"来形容:

本书的翻译源于 2017 年 10 月我在四川大学宗教学研究所读硕士时与本所查常平研究员的一次闲聊。当时,我已经翻译完北森嘉藏的《上帝之痛的神学》,手头已无翻译可做。于是,我请教查老师手头是否有值得翻译的日语学术书籍,他给我推荐了和辻哲郎的《人間の学としての倫理学》一书。在交流中,他不仅论述了本书在日本伦理学界的奠基地位,更感叹在日本家喻户晓的伦理学经典,竟没有汉译本出版。他于是把书借给我,希望我好好阅读、好好翻译,早日出成果。拿到书后,我如获至宝,近乎疯狂地阅读和翻译,终于在 2018 年 2 月完成译稿。此后,我广泛联系出版社,期待能够早日出版。没想到这一等竟是 4 年时间,其间,我虽联系了许多出版社,但都没有回音。

时间来到 2022 年 3 月,当时我的博士论文在外审阶段,又是找工作的关键时期,苦于没有学术成果,求职四处碰壁。突然想起在电脑里"压箱底"、尘封已久的译稿。几经推荐和辗转,最后联系到上海人民出版社,随后开始立项申请、签翻译合同。自当年 6 月起合同生效,我正式开始译稿的校对、勘误工作。直到此时我方才发现,四年前的译稿遍布错、漏,诸多译名也未得到统一,彼时读来流畅之极的译笔至今竟佶屈聱牙,部分句子甚是难懂。所以,摆在我面前的工作名为校勘,实际无异于重译。2022 年 8 月,我入职广西师范大学文学院,备课、申请项目、辅导论文等等工作又占据了部分时间,导致校对工作一拖再拖,直到 2023 年 10 月方才完成,进入出版社审校流程。接着,在 2024 年 3—4 月,按出版社要求,我又一次进行审读和校对,写了大量译者注,尤其是对原文所引用的相关西方哲学原著进行了处理:如果这些西方哲学著作已有汉译本出版,就尽量从汉译本中找出相应段落,摘抄到脚注之中,以供读者参考。校对和注释的工作需查找不少资料,耗费大量时间和精力,每每为此挑灯夜战,总会感到疲惫不堪、难以为继,心里打退堂鼓,但终于还是坚持完成了整本书的校对和注释工作。

本书从翻译到出版历经 6 年有余,时间可谓非常充裕。恐怕拿到书就先读译序或译后记的读者会感到"失望":对于本书的翻译,我不会说"时间仓促,难免出错"一类客套话来展示自己的谦逊;同样,也不会自吹自擂,夸赞自己的翻译历经时间打磨,达到了"信达雅"的水准,几近无可挑剔。凡翻译难免出错。虽然我尽力翻译,但本书仍有一部分错、漏,这既不能归咎于时间的短促、也不能归咎于和辻半文半白的日语难以理解的特性,更不能归咎于和辻古今中外无所不通的知识储备以及他旁征博引的行文风格。虽然以上种种因素客观上会导致我在查阅资料、选取译文时面临诸多困难,但再多困难都不能成为我翻译出错的理由。在此,我要向读者大方承认,这些错、漏都是我对日语的生疏和学术水平的不足导致的:一来我一直自学日语,没有经受过日语专业翻译课程的严格训练,更遗憾未曾赴日留学;二来我硕士和博士的研究方向也不是伦理学,而分别是基督教神学和解经学;三来我现在从事民间文学的教学与研究,与伦理学亦相去甚远。所以,无论语言方面还是学术方面,我都有所亏欠。为此,我衷心期待有识之士有理有据且不留情面的批评和指正。

三

如和辻所说,"个人"只是具有公共性之"人间共同态"的缺失状态(参全集版《伦理学(上)》,第 330—336 页)。在本书的翻译和出版过程中,我自然不是形单影只地、作为"个人"并处在孤立状态,进而完成翻译的。与此相反,在翻译的过程之中,我受到了很多帮助,在此需要一并致谢。首先要感谢的是用爱支撑我走到现在的人们:感谢我的父母和妻子,他们在生活上,尤其是在心理上为我提供了巨大的帮助。感谢我在广西师范大学文学院/新闻与传播学院的同事和学生们,他们让我感受到作为学者和教师肩负的重任。其次要感谢的是对本书的翻译和出版提供帮助的人们:感谢四川大学道教与宗教文化研究所的查常平研究员慷慨提供原书供我阅读、翻译。如果没有他,我断然不会接触到和辻,甚至不会踏入日语学术翻译的窄门。感谢上海人民出版社的毛衍沁编辑为本书的内容和排版提出诸多意见，她耐心细致的审读使得本书更为完善。感谢东京大学的张政远教授和格拉斯哥大学的谭家博研究员，在一次线上学术会议中，两位老师为我澄清了诸如"人间"和"间柄"一类词语的翻译选择。感谢山东大学哲学系的王丁教授，他为我解答了本书中有关康德的部分德语术语的翻译疑问。感谢和辻《孔子》一书的汉译者，北京师范大学教育学部的刘幸老师，他在诸如合同、版权等细节等细碎的事情上帮助我很多。最后，需要特别感谢我的博士生导师、清华大学人文学院哲学系的朱东华教授，他不仅关注本书的翻译与出版，还一直鼓励我继续做日本哲学和基督教神学研究。他是我的学术榜样和精神领袖。

我受到的这些帮助，让我切身体会到了人与人"间柄"的紧密，也让我深切体会到"共同体"的本质。至此，我方才能够相信自己一直坚持的日语学术翻译不是"冷门绝学"，在我身边，还有一群志同道合的朋友，支撑我不断前进。

汤恺杰

2024 年 4 月 27 日

于桂林市家中

图书在版编目(CIP)数据

作为人间之学的伦理学/(日)和辻哲郎著;汤恺
杰译. —上海:上海人民出版社,2024
ISBN 978-7-208-18839-6

Ⅰ.①作… Ⅱ.①和… ②汤… Ⅲ.①伦理学 Ⅳ.
①B82

中国国家版本馆 CIP 数据核字(2024)第 066686 号

责任编辑 毛衍沁
封面设计 林 林

作为人间之学的伦理学
[日]和辻哲郎 著
汤恺杰 译

出　　版　上海人民出版社
　　　　　(201101　上海市闵行区号景路 159 弄 C 座)
发　　行　上海人民出版社发行中心
印　　刷　苏州工业园区美柯乐制版印务有限责任公司
开　　本　890×1240　1/32
印　　张　8.25
插　　页　2
字　　数　152,000
版　　次　2024 年 6 月第 1 版
印　　次　2024 年 6 月第 1 次印刷
ISBN 978-7-208-18839-6/B·1746
定　　价　65.00 元

本书据岩波文库 2007 年版译出